AF484740

9 798330 273324

خواطر قلب

المملكة الأردنية الهاشمية
رقم الإيداع لدى دائرة المكتبة الوطنية
(2023/10/5381)

218.1

خواطر قلب / صبيح، حسام جميل. عمان: جفرا ناشرون وموزعون

2023

ر.إ.: 2023/10/5381

الواصفات: /القيم الأخلاقية/ /الثقافة الإسلامية/ /المواعظ/ /

علم الإجتماع الإسلامي

جفرا ناشرون وموزعون
عمان -الاردن
تلفون : 00962781332881 - مراد سارة
ايميل : muradsarah01@gmail.com

خواطر قلب

لـ

حسام حمدان

الاهداء

اهدي هذا الكتاب للأهل والأصدقاء بكل مكان، والذين جعلوا

للحياة حياة تستحق الحياة. حفظكم الرحمن ورعاكم.

حسام حمدان

مقَدِّمة

مسكين هذا المسمى بالإنسان عندما يجد نفسه رهينة للصعاب والمشاق ، وحيدا رغم كثرة من حوله ، حزينا رغم كل السعادة ، مبتورا في نظر نفسه رغم أنفه .

أمام ذلك كله إستللت قلمي من غمده لأخوض معركة الكتابة، وأسجل تلك الاحداث كما تراءت لي ، كان كل حدث بحياتي يسجله القلم ، يسجل دوره الزمان ، إنه كالريشة في مهب الريح تحملها يمينا ويسارا ورغم ذلك كانت عدسة قلمي تسيروراء كل حدث وتلتقط له أتقن الصور بمعاونة من وحي خيالي وطبيعة نفسي المحبة للخير إلى أن تكاملت الرواية وتجمعت في أحضان تلك الأوراق التي تضم بجنباتها سطورا سجلتها وأنا متأجج

العاطفة شارد الذهن ، و حروفي تملأ الأحداق فأملت بعبراتها

بطن القلم فخط بكل صدق ما حال في خاطري ليلة سَحَر ،

فأرجو من المولى ـ عز وجل ـ أن أكون قد وفقت بحق هذه الكلمات

شكلا ومضمونا ...

والله خير معين

مع تحياتي حسام حمدان

بعض الظن إثم

ما قد نستنتج من قول الله عز وجل في القرآن الكريم: «إن بعض الظن إثم» أن:

١ ـ الظن محلل ومباح وتقع مسؤوليته على عاتق الشخص نفسه، وأن كل إنسان يتحمل عواقب ونتيجة ظنه.

٢ ـ الظن عمل، وقد يؤدي للمعصية فيكون إثما.

٣ ـ الظن هو ممارسه لحرية وإرادة الإنسان.

٤ ـ الظن قد يكون نوعا من التأمين للحفاظ على مصلحة الشخص وحياته.

٥ ـ الظن قد يكون بمسائل دنيوية أو ربانية.

٦- الظن له نسب وأسباب ومصادر.

٧- فطرة النفس أنها أمارة بالسوء. وبالظن نعاكسها - إن كان الظن حسنا / خيرا فإننا نردعها ونهذبها، وإن كان الظن سيئا / شرا فإننا ننصاع لها ونخضع لفطرتها.

٨- الظن هو شعور داخلي ناتج عن تحزر، افتراض أو رأي خاص عن شيء ما. وقد يبقى سرا أو يباح به.

٩- الظن قد يحدث بسبب غموض / وضوح، تكرار، خبرة، سلوك، أبحاث ودراسات، سمعة، أخلاق، نظام المجتمع وقوانينه، البيئه، الوضع الصحي والنفسي والمادي، الدين وثقة النفس. وقد يحدث بسبب الهواجس.

١٠- الظن قد يصبح إثما عندما يتغطرس، يتكبر، يهمل أو

يتغاضى الشخص الظنان عن المعلومات والأدلة والحقائق، عن

وضع الشيء في السياق وبالتالي تؤدي ظنونه إلى إيذاء نفسه،

أو الآخرين، أو الطبيعة وعصيان الله سبحانه وتعالى.

١١ - الظن قد يكون أملا في طاقة إيجابية أو سلبية، وهذا يعتمد

على نوع الظن.

١٢- الاعتراف والقبول بخطأ الظن فضيلة، بل ويعتبر توبة،

والله يحب التوابين – لأن التوبة تؤدي إلى نيل غفران الرب.

١٣- إنسان الأرض يمر عبر مراحل حياته بظن، شك، ريبة،

وسوسة، وكذلك يمر بيقين أو إيمان - وكلها أسباب لوجود يوم

الحساب.

١٤ - الظن يحتاج لإدارة وتدبير لكي لا يكون إثما.

١٥ـ الظن الحسن بالله وبالبشر والأرض.. حياة.

نعم، وتسعة وتسعون نعما.. أظنه زينا، لو رد على حسن ظني

جوابا.

حسام حمدان
كفرراعي/ بوسطن
٢٠٢٢/٦/١٩

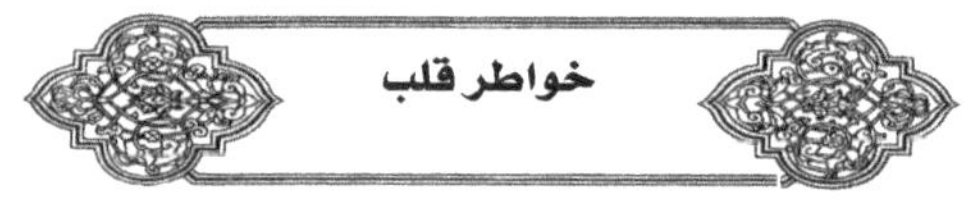

نزول القرآن

نزول القرآن على الرسول والنبي محمد ما كان بالأمر السهل أو الهين، حيث كان به معاناة، مشقة، إرهاق، أرق، تعب، رعب، خوف، فرح وطمأنينة على سيدنا محمد صلى الله عليه وسلم.

تلك التأثيرات كانت جسدية، نفسية، معنوية، سيكولوجية، عقلية، قلبية وروحانية. فحسب كلمات الله بلفظها ومعانيها بكل آية، كان الرسول صلى الله عليه وسلم يهيىء نفسه لسماعها وقرائتها وحفظها من أمين الوحي جبريل عليه السلام الذي كان ينزل عليه فجأة وغير ذلك، وبعدة هيئات بشرية وغير ذلك، كصلصلة جرس مثلا. وكم مرة قال زملوني زملوني بعد لقائه مع أمين الوحي جبريل عليه السلام.

وعندما قال الله تعالى للرسول صلى الله عليه وسلم خلال نزول القرآن: «إنا أرسلناك شاهدا ومبشرا ونذيرا» ليشعر الرسول صلى الله عليه وسلم ويؤكد له مدى مسؤوليته ودوره بالقرآن أجمع. كل ذلك تطلب وعيا وإدراكا وتركيزا من قبل الرسول صلى الله عليه وسلم.

وعندما قال الله في القرآن الكريم خلال نزوله: «وبالحق أنزلناه وبالحق نزل» ليحرص الرسول صلى الله عليه وسلم على حفظ وتطبيق كلمات الله بنبراتها ومعانيها لأنها الحق، والرسول صلى الله عليه وسلم معروف بأنه الصادق الأمين ورجل الحق.

بالفعل كان الرسول والنبي محمد صلى الله عليه وسلم رجلا كبيرا عظيما وعلى قدر المسؤولية لتلقي القرآن وتعاليم الله

على مدى ٢٣ سنة.

فهو صلى الله عليه وسلم لنا قدوة بالجسد والنفس والحياة.

وهو الذي بعثه الله عز وجل رحمة للعالمين.

حسام حمدان
كفر راعي / أبو سطن

٢٠٢٢/٦/١٧

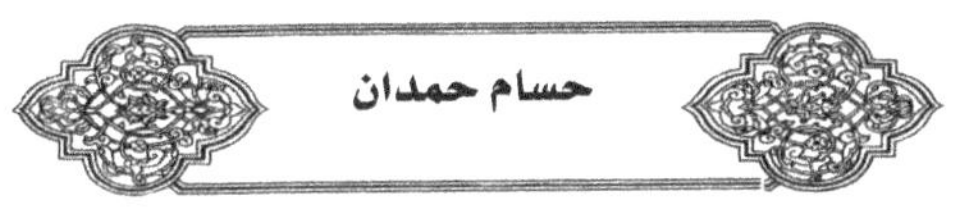

رحمة الله يسر

قال الله تعالى : « فإن مع العسر يسرا، إن مع العسر يسرا». تلك الكلمات وعد مؤكد من رب العالمين لخلقه بألا يقنطوا من رحمته عند العسر. فرحمته تكون بنوع من يسر يدركه المعسر.

هنا تتسائل ما هو العسر؟ قد نقول عندما تغلق كل أبواب الرزق، كل أنواع العلاج أو كل أساليب وطرق المفاوضات للوصول بحرية واستقلال وسلام.

مع العسر يأتي قلق، تعب، إرهاق جوع وسكرات موت..إلخ. فالمهم ألا نقنط من رحمة الله كما قال تعالى : «ولا تقنطوا من رحمة الله» ليأتي اليسر بعد العسر.

فالعسر مميز، والله سبحانه وتعالى يدركه ويفكه بطرقه

الخاصة، وعن طرق هدايته المباشرة وغير المباشره بيسر من حيث لا يحتسب المعسر-فالله لا يخلف وعده.

ليس كل نقص أو معاناة أو حرمان يعتبر عند الله عسرا.

فالإنسان محظوظ لأنه إذ مر بما لا يرغب يعتبر عسرا، والله وعده بأنه سيكافئه بيسره.

ومن فضل الله أن يمتحنك لتقع بعسرٍ ليمن عليك بنفحة اليسر تجعلك أفضل مما كنت عليه قبل العسر.

حسام حمدان
كفرراعي/بوسطن
٢٠٢٢/٥/٢٨

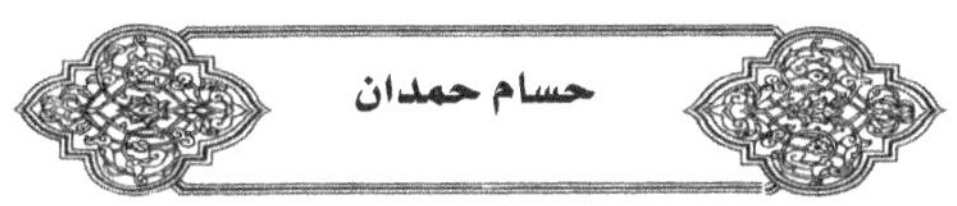

والنهار إذا تنفس

كل من على الأرض المفروض أن يتنفس، ولكن الهواء الحر الطليق الذي وهبنا الله إياه هبة بلا مقابل، قد يصبح بعمرٍ وبمكانٍ وبظرفٍ ما أثمن شيء على وجه الأرض.

بكل نهار هواء حر طليق، ولكن الوضع الصحي، النفسي، السياسي، الاقتصادي والاجتماعي للبشر قد يلوثه ويضيق مجراه بمكان ما. قد يكون سببا لوجود الفجر ليتنفس النهار بهواء حر طليق من جديد. وقد نقول صلاة الصبح فرضت ليدرك الإنسان مهمة الهواء الحر الطليق لكي لا يظلم ويحرم أحد.

حسام حمدان
كفر راعي/أبو سطن
٢٠٢٢/٥/٢٢

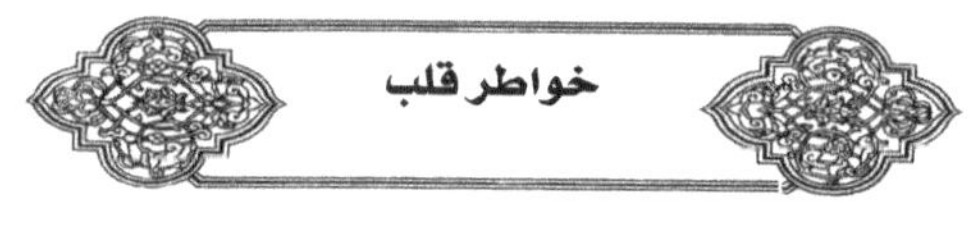

حبل الله

في كل جمعة، أمل أن نتذكر قول الله تعالى: «اعتصموا بحبل الله جميعا ولا تفرقوا». بتلك الكلمات ندرك أن حبل الله مجدول بأسمائه الحسنى (٩٩ اسما). ومن جدائل حبله الحق والعدل. فدعونا نتوحد ونتمسك (نقربط) بهما بعزم وجد وصبر لتحقيق ما نبغي إليه – الحرية والاستقلال.

حبل الله مجدول وممدود بين السماوات والأرض.

طابت كل جمعة مباركة علينا وعليكم بجدائل حبله العظيم الكريم وبفرج عن قريب.

حسام حمدان
كفرراعي/ بوسطن
٢٠٢٢/٥/١٣

الاختيار

اصطفى اللّه سبحانه وتعالى الأنبياء والرسل ليكونوا شهداء وحريصين على ما قاله اللّه تعالى عبر رسالاته المنزلة لعباده، ولكنه اختار وقد يختار أناس من البشر من غير الأنبياء والرسل فيعلمهم ويهديهم ليكونوا من الراسخين بالعلم، وليصبحوا شهداءً وحراسا على ما قاله اللّه للبشر بكتبه وما وصف كيانه بأنه فعلا يتحلى بأسمائه الحسنى الـ ٩٩ قولا وفعلا وتطبيقا.

فاللّه قد يختار هؤلاء الناس من البشر في أي زمان ومكان وفي أي عمر. لذلك العلم نعمة ورزق من رب العالمين، وأسماء اللّه الحسنى تشمل كل شيء بالدنيا والآخرة.

من رسخ بالعلم فهو للّه وللدنيا وللآخرة أقرب.

حسام حمدان
كفرراعي/ بوسطن
٢٠٢٢/٥/٩

خشية الرب تصنع رجالاً

تعاليم اللّه عز وجل والرسول صلى اللّه عليه وسلم تحث على خشية اللّه، لأنه من خشي اللّه أصبح رجلا وفاز بوعد اللّه، جنتان (بالدنيا والآخرة) مصداقا لوعده تعالى «ولمن خاف مقام ربه جنتان».

فقد نقول على سبيل المثال أن من هدف الصلاة خمس مرات باليوم هو إنتاج رجال يخشون اللّه، لأن الصلاة تتطلب طهارة، ركوع، سجود وخشوع بكل صلاة، فبتكرارها خمس مرات باليوم وبهدى اللّه تُبني خشية اللّه. ومن تحلى بخشية اللّه يكون رجلا للحق والعدل والصبر.

هناك رجال وبتمازجهم مع كلمات ربهم يبكون من خشية اللّه،

ووعدهم كما قال الرسول صلى الله عليه وسلم : «لا يلج النار رجل بكى من خشية الله».

فتعريف الرجل عند الله والرسول هو من يبكي ويرتجف ويهتز من مقام وخشية الله. فرجل الدنيا لا يهاب ولا يخشى أحدا إلا الله، وخشية الله تتطلب فهما وإدراكا لكلمات الله والاجتهاد بها وتطبيقها للقيام على الحق والعدل والصبر. وأفعال واقوال الرسول قدوه بهذا السياق لأنه كان رجلا.

الرجل قد يصبح حجرا تتفجر منه المياه من خشية الله.

حسام حمدان
كفرراعي/ بوسطن
٢٠٢٢/٥/٨

مقِياس

الكل عنده مقياس، يقيس به ليعرف المقاس.

المقياس قد يكون الذراعين وأصابع اليدين، فسارع وقدم الأجر، من (العين، الأنف، الفم، الأذن)، من الهاجس، القلب، الضمير والذاكرة.

من يعرف مقاسه يدرك مقامه. يوفر عليه وقتا وأموالا، يحميه من الإسراف وعادة حب التجميع والتخزين الزائد عن حده، التي تؤدي إلى الإكتئاب والمباهاة والكبرياء.

هناك أناس على الحياد تقول ما دام الشخص يدفع من كيسه، أتركه يقيس آخرته بنفسه، ويعرف مقاسه.

هناك أناس تغاضت عن الكثير من أجل مقاس.

حسام حمدان
كفرراعي/ بوسطن
٢٠٢٢/٤/٢٩

الحاجة والضرورة

حسب الشخص والمكان والزمان، الحاجة والضرورة والأولوية،

المال قد يعتبر من أهم أنواع الرزق. فلا تسخر وتستصغر المال

كرزق مهما كان صغيرا. فالله تعالى اعتبر المال رزقا،

فتمناه وأقصده وأسع إليه بحب وجمال وحلال.

حسام حمدان
كفرراعي/ بوسطن
٢٠٢٢/٤/٢٦

عالم الحلال والحرام

بفضل الله وعزه وكرمه وجلاله ورحمته، عالم الحلال على الأرض واسع كبير. فلماذا نحاول تضييقه ببدع وتفسيرات واجتهادات من عناترة لا يفقهون بالدين؟

تذكر وادرك أن عالم الحرام على الأرض محدد وصغير، معزز بكلمات وعد الله : «وقد فصل لكم ما حرم عليكم».

كل ذلك واضح بكتابه المبين وقرآنه الكريم.

فافهم يا فهيم كي لا يسلب الحرام من الحلال مساحة - قد تكون أنت وأنا فيها وعليها.

حسام حمدان
كفرراعي/ بوسطن
٢٠٢٢/٦/٢٨

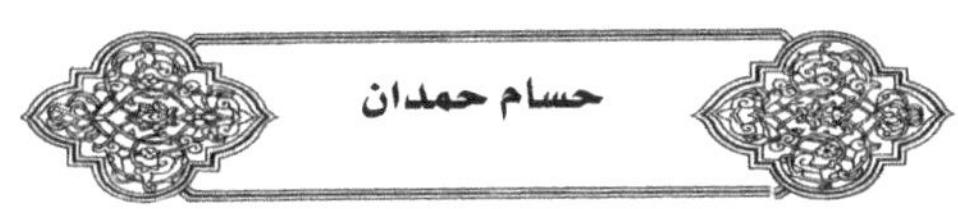

من قوانين الاحتلال على المواطن الفلسطيني تحت الاحتلال

١- يسمح للمواطن أن يحفر بئر مياه في بيته ولكن من الممنوع أن يحفره بأرضه.

٢- ممنوع على المواطن أن يزرع شجرة / شجر بأرض له تقع خارج بلدية بلده. هذا القانون مطبق في مناطق بيت لحم، الخليل، رام الله والقدس المحتلة. ولكنه غير مطبق في مناطق نابلس، طولكرم وجنين.

لهذه القوانين أهداف سلبية عديدة من أهمها نزع حب الأرض والحث على إهمالها وعدم استغلالها وفلاحتها. الشجر يعقم البيئة ويحفظ التربة والنباتات الغذائية من الرياح والعواصف

الجوية. الأرض الخالية عرضه للضم في أي وقت من قبل حكومة

الاحتلال العسكرية.

الأرض بلا شجر تبقى مكشوفة وسهلة لقصف جوي من الجيش

ومن قناصة المستوطنين.

وجود بئر بالأرض يحث على زيارة وخدمة وزراعة الأرض.

نلاحظ أن تلك القوانين غير إنسانية وغير عادلة وضد الطبيعة

خاصة على المزارع الفلسطيني.

حسام حمدان
كفرراعي/ بوسطن
٢٠٢٢/٦/٣

ما هو الإنسان؟

يتكون الإنسان من جسد وروح ونفس. فنرى وندرك الجسد بالحواس الخمس، ولكننا لا نرى الروح أو النفس. فما هي الروح وما هي النفس؟

قد نقول إنهما منفصلان.. فالروح ربما تكون نوعا من هواء رباني به القدر والعمر والحياة والموت ويكون عند خلق الإنسان. الروح ملك خالقها قد يأخذها وتعود إليه في أية لحظة. اللّه سبحانه يعرف مسبقا ما ستفعل الروح بالجسد، لذلك قد نقول أن الروح لا تنمو وأنها مسيرة من اللّه ولا تتحكم بالجسد.

فقد نقول أن النفس هي نتيجة لوجود الروح بالجسد..تلك

النتيجة تتكون من أعمال وأفعال نتيجة استعمالها للحواس الخمس، العقل، القلب، النية، الضمير، الهاجس ولها إراده مطلقه بالجسد. نحن لا نرى النفس، ولكن قد نحس ونشعر بها وندركها من خلال حركات وتصرفات وأعمال وأقوال وأفعال وملامح ورسومات وكتابات الجسد.

النفس تنمو وتتغير مع الجسد، تملكه ولكن لا تتحكم بوجود الروح فيه. في بعض الظروف إرادة الله قد تغير مسار القدر وتبقى الروح بالجسد لفترة زمنية أخرى بإذن الله وحده.

وجدت الروح بالجسد لتكون حلقة الوصل بين النفس وخالقها.

الأرواح لا تتواصل ولكن الأنفس هي التي تتواصل وتتعايش وتحب وتكره.

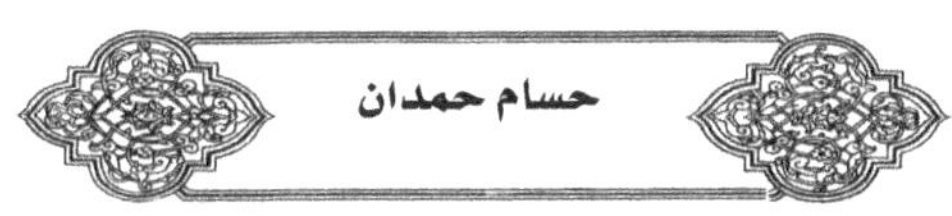

لا أحد يعرف ماهية الروح والنفس والفرق بينهما أو هل هما

نفس الشيء. الله سبحانه قال: «إنا خلقناكم من نفس واحدة».

حسام حمدان
كفرراعي/ بوسطن
٢٠٢٢/٦/٢

إلى كل الغافلين عن شرع الله والمعتدين

إلى أولئك المعتدين على حقوق الآخرين بغير حق وبأي أسلوب كان، أنظروا إلى كلام الله وأحاديث حبيبنا رسول الله صلى الله عليه وسلم:

لا يجوز الاعتداء على حق الغير، أرضا كانت أو غيرذلك، لقوله تعالى: (يَا أَيُّهَا الَّذِينَ آمَنُوا لا تَأْكُلُوا أَمْوَالَكُمْ بَيْنَكُمْ بِالْبَاطِلِ إِلا أَنْ تَكُونَ تِجَارَةً عَنْ تَرَاضٍ مِنْكُمْ) النساء/٢٩. ولقول النبي صلى الله عليه وسلم: (لا يحل مال امرئ مسلم إلا بطيب نفس منه) رواه أحمد (٢٠١٧٢) وصححه الألباني في «إرواء الغليل» (١٤٥٩).

وجاء في شأن الأرض وعيد شديد لمن اقتطع منها شيئا بغير حق،

فقد روى البخاري (٣١٩٨) ومسلم (١٦١٠) واللفظ له عَنْ سَعيد بْنِ زَيْد رضي الله عنه أَنَّ رَسُولَ اللّه صَلَّى اللّه عَلَيْهِ وَسَلَّمَ قَالَ: (مَنْ اقْتَطَعَ شِبْرًا مِنْ الْأَرْض ظُلْمًا طَوَّقَهُ اللّه إِيَّاهُ يَوْمَ الْقِيَامَةِ مِنْ سَبْعِ أَرَضِينَ).

وروى أحمد عَنْ يَعْلَى بْنِ مُرَّةَ - رضي الله عنه - قَالَ: سَمِعْتُ النَّبِيَّ صَلَّى اللّه عَلَيْهِ وَسَلَّمَ يَقُولُ: (أَيُّمَا رَجُلٍ ظَلَمَ شِبْرًا مِنْ الْأَرْض كَلَّفَهُ اللّه عَزَّ وَجَلَّ أَنْ يَحْفِرَهُ حَتَّى يَبْلُغَ آخِرَ سَبْعِ أَرَضِينَ، ثُمَّ يُطَوَّقَهُ إِلَى يَوْمِ الْقِيَامَةِ حَتَّى يُقْضَى بَيْنَ النَّاسِ) وصححه الألباني في السلسلة الصحيحة (٢٤٠).

وروى مسلم (١٩٧٨) عن عَلِيٍّ - رضي الله عنه - قَالَ: قال رَسُولُ اللّه صَلَّى اللّه عَلَيْهِ وَسَلَّمَ: (لَعَنَ اللّه مَنْ سَرَقَ مَنَارَ الْأَرْض).

ومنار الأرض: علاماتها وحدودها.

عساكم توعظون مهما كانت مناصبكم، والساكت عن الحق شيطان

أخرس.

حسام حمدان
كفرراعي / جنين
٢٠٢١/٢/٢٧

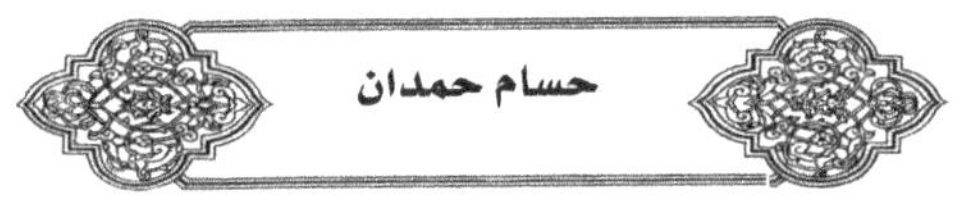

طلة قمر

ليلة أمس بدأت بطلة قمر ساطع بنوره ومدور بوجهين ..هدوء.. سكينة.. وشعور بسلام.. وكأنها ليلة القدر.

أكثرت من الدعاء، تسبيح وقراءة القرآن وكنتم على البال لغاية طلوع الفجر.

لا أحد يعرف متى ليلة القدر، وهي ما تجعل شهر رمضان مميزا ومليئا بالدهشه والتفاؤل (خير من ألف شهر).

أكثر ليلة فيها سلام مطلق على الكون هي ليلة القدر (تنزل الملائكة والروح فيها بإذن ربهم من كل أمر، سلام هي حتى مطلع الفجر).

ليلة في السنة وبغض النظر عما يجري بالكون، رب العلمين يمنح

نعمة السلام على خلقه ليجربوا السلام الحقيقي، وليعتبروا،

فيسعون له ويطبقونه بعد ذلك على أرض الواقع.

من يدري لعلها كانت ليلة القدر!علها كانت كذلك.

حسام حمدان
كفرراعي / بوسطن
٢٠٢١/٤/٢٧

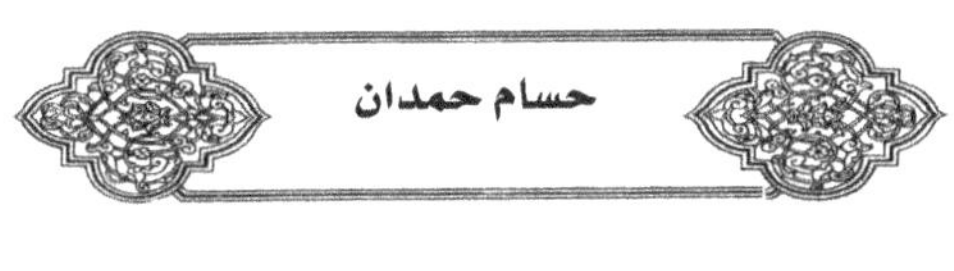

فعل الخير

عندما تعمل عملا خيرا عن حسن نية، وعن حب ورضا نفس،

اعط نفسك ثلاثة أيام لتحتفل بينك وبين نفسك.

سوف يشتد عصب ظهرك، وتنفتح عروق جسمك، ويتنور عقلك بإيجابية المستقبل.

جمعة مباركة .. ورمضان كريم.

حسام حمدان
كفرراعي/ بوسطن
٢٠٢١/٧/٥

لعلهم يدركون

في يوم الجمعة، نقول: «استغفر الله العظيم».. كل الصفات السلبية التي ذكرت في القرآن الكريم عن بني إسرائيل طبقت وتطبق على الفلسطينيين من إسرائيل.

تهجير.. هدم بيوت.. نشر الفساد.. شن الحروب.. والقتل والدمار.

أما الصفات الإيجابية، فلا نراها ولا نعيشها أو نسمع بها من قريب أو بعيد رغم أنهم على الحدود بنوا جدارا.. وعلى العيون غشاوة يدوسون ولا يشعرون.

لذلك نقاوم بما نستطيع لعلهم يوما يدركون.

حسام حمدان
كفرراعي/ بوسطن
٢٠٢١/٥/٢٨

سكينة الزواج

يقول الله عز وجل: «ومن آياته أن خلق لكم من أنفسكم أزواجا لتسكنوا إليها».

هذا فعل مؤكد بناءً على القدر أولا، وقبل الخلائق، ويتأكد ثانيا بالحياة بناءً على إرادة الله وسعي الزوجين. هنا ندرك أن السكينة بالزواج مميزة حسب مفهوم وعطاء ربنا وهي التي تجلب الحب بين الزوجين مع الزمن الذي يختلف من زوج لزوج ومن زواج لزواج.

الحب أنواع والسكينة درجات، وليس كل حب يؤدي إلى سكينة، ولكن سكينة الزواج تؤدي إلى حب فيه شعور بالمسؤولية وتضامن لتكوين ورعاية أسرة صالحة تفيد المجتمع وترضي الله.

وهنا نتساءل: لماذا حلل الله للرجل أن يكون له أربع زوجات بنفس الوقت؟ من الممكن ألا تتحقق للرجل السكينة من زوجة واحدة ويكون بحاجة لأخريات لتحقيق هذه السكينة الغائبة.

وهذا يدل على مهمة السكينة للرجل، فقد يحب ويعمل سلاما أو يتطرف ويقلق ويشن حربا. والله أعلم.

وبالطبع، جسم الانسان، وسلوكه، وقدراته، ومتطلباته وأولوياته تختلف وتتغير من وقت لآخر ومن عمر لآخر، ولكن بهداية الله وإرادة الزوجين وإرادة الله قبلهما قد تتدخل لاستمرار الزواج وسكينته بحب ورضى.

حسام حمدان
كفرراعي/ بوسطن
٢٠٢٢/٢/١٤

كلمات

آيات القرآن الكريم تؤكد أن غفران الله يأتي كما يشاء الله، فإن شاء يطبقه بتبديل سيئات الإنسان بحسانات. قد يحصل ذلك على الأرض، أو في الآخره أو فيهما معا لينال ذلك الإنسان فضل الله ونعمته.

الإنسان التائب يحبه الله ويجلب انتباه مشيئته للغفران. كل شيء ممكن.. غفرانه بمشيئة الله ما عدا الشرك به. الشرك بالله يؤدي بصاحبه إلى الضلال البعيد ويكون مسيرا بالقدر فقط، لا تبديل لسيئاته إلى حسنات ومصيره بالدنيا والآخرة يعتمد على أي منهما الأكثر تواجدا في كتابه.

هنا نلاحظ أهمية أن يؤمن الإنسان بأن الله هو الواحد الأحد

لا شريك له. وبالمقابل فإن عطاء الله غزير وعامر بمشيئة

غفرانه لأي شيء.

حسام حمدان
كفرراعي / بوسطن
٢٠٢٢/٣/١١

حرية وسلام

من نعم اللّه عز وجل، على سيدنا إبراهيم عليه السلام أن اللّه اتخذه خليلا.

وعلى الرغم من أن سيدنا إبراهيم كان حنيفا مسلما إلا أن من أولاده وذريته خرج يهود ونصرانيون / ومسيحيون وطبعا مسلمون.

فلا تستغرب أحيانا من وجود علاقة صداقة أو محبة بصفاء مودة بين اليهود والمسيحيين والمسلمين بسبب الخلة بين اللّه وسيدنا إبراهيم.

وأحيانا الغيرة، الحسد، والحقد، والقتل يحدث بينهم بسبب جين هابيل وقابيل.

آمل أن نأخذ بعين الاعتبار، ونتذكر كلمة «خليلا» بحياتنا

اليومية لعلنا نهتدي ونحقق غايته، الاستقلال والسلام للجميع.

حسام حمدان
كفرراعي / بوسطن
٢٠٢٢/٣/١٤

ليلة فريدة

في ليلة الجمعة وليلة نصف شعبان.. إنها ليلة فريدة من نوعها على حد قول النبي محمد صلى الله عليه وسلم: «إن الله يطلع إلى خلقه فيغفر لجميع خلقه إلا لمشرك أو مشاحن».

انتهزوا الفرصة في هذه الليلة، اتركوا المشاجرات والخلافات جنبا، تحلوا بالهدوء والسلام واطلبوا العفو والمغفرة وصلاح الحال. لا تستهين بنظرة الله لك، قد يعجبه ما يرى فيك..انه الملك بكيان ذاته.

دامت جمعتكم مباركة بالعفو والعافية وصالح الأعمال.
حسام حمدان
كفرراعي / بوسطن
٢٠٢٢/٣/١٧

إكرام الأمهات

هناك حديث منسوب للنبي محمد صلى الله عليه وسلم يقول:

«الجنة تحت أقدام الأمهات»..وبغض النظر عن مدى صحة الحديث، إلا إنه وعد يعزز مكانة الأم بالدنيا ويلفت نظر من حولها لاحترامها وتقديرها وطاعتها والاحسان إليها وكسب رضاها.. إكراما لها.

حين نحتفل بعيدها ونقول كل عام والأمهات بخير وعافية وسلام وسعادة.

كون الانثى ام يجعلها عظيمه،. فإن كان وراء كل رجل عظيم إمرأه، فقد نقول وراء كل أم وأنثى عظيمه رجل.

حسام حمدان
كفرراعي / بوسطن
٢٠٢٢/٣/٢١

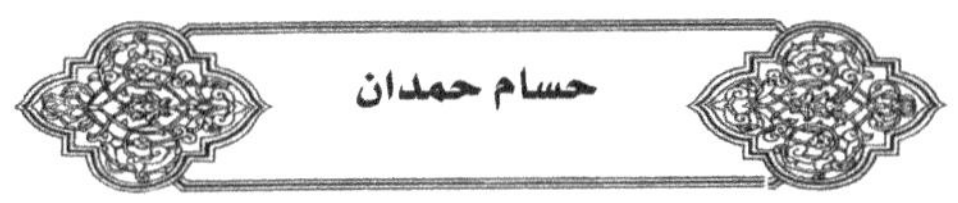

مثقال ذرة

ميزان الله دقيق وحساس حتى لمثقال ذرة من خير وشر. قلب المؤمن يرتعش لمثقال ذرة من خير أو شر- وكأن ميزان الله بقلب المؤمن.

لا أحد يرى هذه الذرة ولكن يرى أثرها. فأي عمل، شعور، تفكير، ذكر بوعي أو بغير وعي يعتبر ذرة خير أو شر؟

ما يصدر من النية، القلب، الهاجس، التفكير، التردد، الظن، التواصي، صحوة ضمير، نوبة ندم، وغير ذلك.. فالمجال واسع للاعتبار بأنه قد يكون ذرة خير أو شر.

لهذا السبب وصف الله كيانه بأنه العادل.

الأفضل دائما أن تكون نفسك والتحلي بالخلق والعمل الحسن،

فلا تدري كم مثقال ذرة خير تأتي من وراء ذلك مباشرة وغير

مباشرة قد تغير قراءة ميزانك وتقرير مصيرك.

حسام حمدان
كفرراعي / بوسطن
٢٠٢٢/٣/٢٥

فلاسفة متدينون

قال رسول الله صلى الله عليه وسلم: « إني عند الله ﰲ أم الكتاب لخاتم النبيين، وإن آدم عليه السلام لمنجدل ﰲ طينته».

رواه الإمام أحمد.. بما معناه أن الله اختار النبي صلى الله عليه وسلم ﰲ الجنة، وقبل أن ينفخ الروح ﰲ آدم.

لهذا السبب، منذ صغره لم يكن النبي صلى الله عليه وسلم يصحو من النوم شعثا رمصا، بل كان يفيق من نومه كحيلا دهينا طيب الرائحة. فمن يقرأ آيات القرآن يتذوق برائحة الرسول أيضا. ومن يقرأ القرآن بترنم يخشع ويهتز بهزة من تجمع الموضوع والحدث والإبقاء اللفظي.

لذلك يخرج القرآن من المجتهدين من يصبحون فلاسفة ولديهم

القدرة على فهم المجتمع وما يدور فيه ومن حوله، ويجدون الحلول الملائمة والمناسبة لحل مشاكله والتعايش مع الآخرين بحرية وتفاهم ومودة وإخلاص وإحسان يؤدون إلى سلام وازدهار.

نقول أن القرآن الكريم والأحاديث النبوية الشريفة وهداية الله وحرصه جعلت من الرسول صلى الله عليه وسلم فيلسوفا مؤمنا.

ما أحوجنا الآن لفلاسفة يوقظون ضمير العالم، عندها ستجد الخير واليسر يصنعان العجائب للجميع.

حسام حمدان
كفر راعي/ بوسطن
٢٠٢٢/٣/٢٧

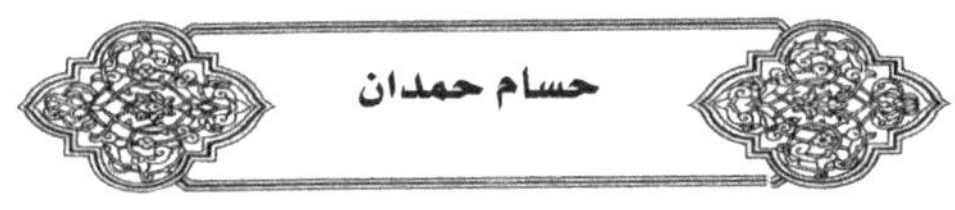

يوم الأرض

يأتي يوم الأرض علينا ونحن نتذكر قوله تعالى: «هو الذي جعل لكم الأرض ذلولا فامشوا في مناكبها وكلوا من رزقه وإليه النشور».

أرضنا من المفروض أن تكون منقادة وميسرة لنا وتحت تصرفنا بحرية وسلام، ولكن مع الأسف الشديد الاحتلال عكسها علينا لتذلنا عند الحواجز والمخاصيم والجدران، بالسجون والمخيمات، تحرمنا وتقيدنا وتطرد الملايين منا إلى مهاجر ومخيمات لعمر طويل. كيف يسعى معظمنا في مناكبها وهم تحت هذه القيود والشروط؟

هكذا يحرموننا من رزق اللّه الموجود على الأرض.

الأرض تشكوا وتبكي وتحزن من الظلم، وفي يوم ما سوف تنادي

ربها «لا أستطيع أن أتحمل».. عندها سيوحي لها ربها أن تقذف

ما في جوفها من أجساد ومواد وكل شيء حدث عليها، ولتكون

شاهدة على ذلك يوم القيامة.

حسام حمدان
كفرراعي/ بوسطن
٢٠٢٢/٣/٣٠

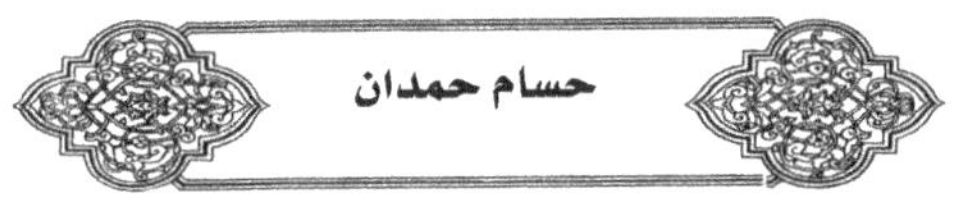

رمضان كريم

يأتي شهر رمضان كل عام ليعز ويرفع مكانة الإنسان عند الله،

حيث أن الله سبحانه وتعالى يباهي بنا ملائكته التي اعترضت

منذ البداية على خلق الانسان وتعيينه وليا لله على الأرض.

فكلنا أولياء الله على الأرض، فلنشكر الله ونحمده على هذا

العطاء والتكريم، نتحلى بالمروءة وفعل الخير والصلاح.

جعل الله رمضان من كل عام شهرا كريما ومباركا مكللا بالصبر

والتواضع والوصال.

طبل يا مطبل وصحينا نتسحر بالليل.

حسام حمدان
كفرراعي / بوسطن
٢٠٢٢/٤/١

قناعة الإيمان

القناعة إيمان والإيمان قناعة. فالقناعة هداية ورزق من الله، والكون منظم ومرتب للإنسان ليعيش حرا وبعزة نفس لها سيادة.

القناعة مناعة، تحمي الإنسان من الزيف والكذب، فالقنوع صادق، يعرف ويكون نفسه دائما وأبدا، ولا يعتذر أن يكون ذلك.

القنوع يسعى للحياة بلا خوف أو تردد، يقدس معنى الحرية والاستقلال والسلام والتعاون والإتحاد.

ربنا أرزقنا القناعة فيما نسعى ونبغي.

حسام حمدان
كفرراعي/ بوسطن
٢٠٢٢/٤/٥

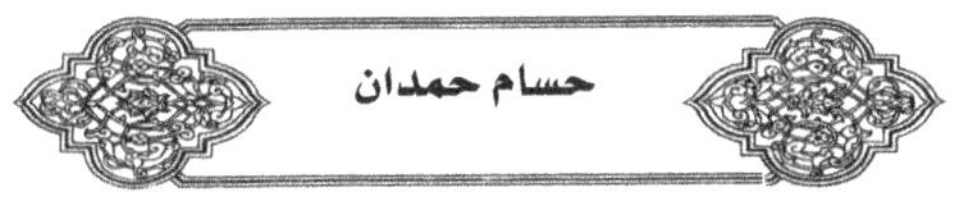

جمعة مباركة

حين نستقبل أول جمعة من شهر رمضان، نتذكر قول ربنا: «إن الله لا يغيرما بقوم حتى يغيروا ما بأنفسهم».

هنا ندرك أن قرار الله وعد جازم وصارم، ولا ندري كم عدد الأنفس ونسبة التغير بالأنفس في القوم ليبدأ الله بتطبيق قراره ويغير القوم.

فهل يا ترى التغير المدهش لبعض الأنفس في القوم قد تكون كافية بنظر الله ليطبق قراره ويغير القوم؟

من الممكن لأن الله رحيم كريم. والله قال من أحيا نفسا كمن أحيا الناس جميعا.

رب اهدنا لنكون من تلك الأنفس التي تنظر إلى نفسها من

الداخل ولمن حولها وتتغير للصلاح وللفلاح وخير الأعمال لتلفت

نظرك وترضي إرادتك لنكون قوما حرا مستقلا، يحب السلام

وعمار الديار.

القدرة على تغيير النفس للأفضل رزق من رب العالمين والعالم

أجمعين.

فاعقل وتوكل وكن صاحب النفس المجتهدة التي تسعى للتغيير

للأفضل والأحسن.

دامت الجمعة مباركة.. ورمضان كريم.

حسام حمدان
كفرراعي/ بوسطن
٢٠٢٢/٤/٨

شهر مميز

شهر رمضان شهر مميز حيث أن أمين الوحي جبريل نزل على الرسول في كل ليلة من لياليه يدارسه القرآن الكريم.

والرسول صلى الله عليه وسلم كان أجود ما يكون في رمضان، حيث قيل أنه أجود بالخيرمن الريح المرسلة.

قد نقول أن الله تعالى في شهر رمضان يحب أن يرى عباده وهم يقرأون القرآن الكريم ويتدارسونه.

فالله يراقب قلوبهم وجوارحهم، وقد يهديهم إلى القراءة واللفظ السليم لإيقاع تدخل به كلمات الله إلى صدورهم - بهذا

المكان نعم الله لا تعد ولا تحصى.

نستنتج أن مدارسة القرآن في شهر رمضان لها فوائد كثيرة، إنها تمنحنا خيرا عظيما وفضلا كبيرا- ويظل الرسول صلى الله عليه وسلم وأعماله قدوة لنا.

حسام حمدان
كفرراعي/ بوسطن
٢٠٢٢/٤/١٧

وسط الطريق

هناك أناس حين يسيرون يحبون أن يمشوا على أطراف وجوانب الطريق، ظلنا أن فيها الأمان والحياد من مفاجآت وسط الطريق.

طريق الله سبيل، إمش بوسطه مؤمنا تعش محميا صادقا أمينا.

حسام حمدان
كفرراعي/ بوسطن
٢٠٢٢/٤/٢٥

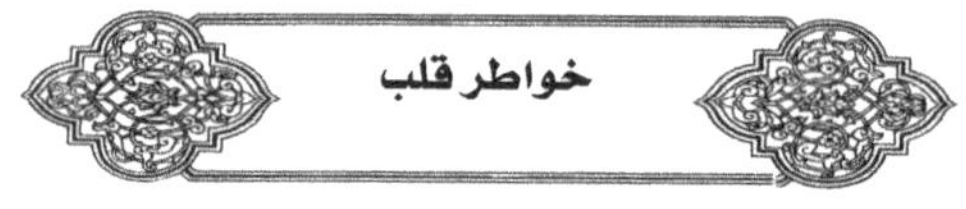

النية

نستنتج الكثير من قول النبي محمد صلى الله عليه وسلم: «إنما الأعمال بالنيات، وإنما لكل إمرئ ما نوى».

فقد نقول أن الله يأخذ بعين الاعتبار القصد الباطني أو ما يعرف بـ (النية) من القلب عندما يقيم ويحاسب الشخص على عمل ما.

فالنيه جزء لا يتجزأ من عمل الإنسان. نية الإنسان قد تكون قبل العمل وقد تتغير خلال العمل، وبوجود عوامل (نفسية، صحية، بيئية، إقتصادية، دينية، علمية، إبليسية...الخ) تؤثر على نية الإنسان.

فتعريف النية هو إلهام وهداية من رب العالمين لشخص ما أن يعبر باطنيا ومن قلبه عن إرادته التي منحها الله له عن قصده

بعمل ما.

فالنية تعبير حر باطني لا يعلمه إلا الشخص نفسه والله. وبما أن النية مربوطه بالإرادة، فقد تؤثر على القدر بإرادة الشخص وحول الله من قبل.

النية تحث على حرية التعبير والإختيار ليس فقط باطنيا بل ظاهريا.

تحلى دائما بالنية السليمة ولا تقنط وتجرد من نتيجة العمل، بنيتك قد تفوز من حيث لا تحتسب.

ونية الإنسان قد تكون من الأسباب بأن الله دقيق الحساب، وأنه غفور رحيم لأعمال العباد.

حسام حمدان
كفر راعي/ بوسطن
٢٠٢٢/٥/١٠

موجة أوميكرون تنحسر.. لكن هل انتهت الجائحة؟

مع تراجع حالات الإصابة بفيروس كورونا المستجد الناجم عن متحور أوميكرون شديد العدوى، بدأت بعض الولايات الأميركية وكندا وكثير من الدول الأوروبية برفع القيود. فقد ألغت السويد والدانمارك والنرويج أغلب الإجراءات الوقائية ضد كوفيد-١٩ في الأسابيع الأخيرة، وأعلنت المملكة المتحدة أنها ستفعل الشيء نفسه.

جاءت هذه القرارات الجديدة في إطار الترويج لمرحلة التعايش مع الفيروس والتعامل مع كوفيد-١٩ باعتباره مرضاً مستوطناً أقل خطورة، كما هو الحال مع فيروسات البرد والإنفلونزا.

أثارت هذه التغيرات المتسارعة قلق العديد من العلماء، الذين يحذرون من أن رفع الإجراءات نهائياً والتوقف عن رصد الفيروس وتتبع مسار الجائحة، سيترك العالم في حالة من انعدام الرؤية وعدم الاستعداد للتعامل مع المتغيرات الطارئة في المستقبل. وهذا ما ناقشه مقال علمي نشرته مؤخراً مجلة «ساينس» المرموقة بعنوان: هل حان الوقت للتعايش مع كوفيد-١٩؟ علماء يحذرون من وهم المرض المستوطن!

من هؤلاء العلماء كريستيان أندرسن الباحث الدانماركي في الأمراض المعدية، والذي حذر من وهم المرض المستوطن وانتقد القرارات المتسرعة في الدانمارك التي تضمنت إعلاناً بإلغاء تصنيف الكوفيد-١٩ على أنه مرض يسبب خطراً على المجتمع،

في وقت كانت معدلات الوفيات والاستشفاء بسبب هذا المرض ما زالت في تصاعد.

بينما شجعت مجموعة أخرى من العلماء على تخفيف القيود بالتدريج، ودعت إلى التوقف عن إحصاء الحالات الجديدة، خاصة مع زيادة حالات العدوى الخفيفة غير المصحوبة بأعراض وانتشار الاختبارات المنزلية غير المبلغ عنها، مما يفقد هذه الأرقام حسب رأيهم الدقة والمصداقية.

ويبني هؤلاء الخبراء رأيهم على أن الحكومات لم يعد باستطاعتها تبرير القيود الاقتصادية والاجتماعية، مع تناقص إشغال غرف العناية المركزة من قبل مرضى الكورونا وتراجع الضغط على النظام الصحي.

وجدير بالذكر أن أرقام دخول المستشفيات والوفيات بسبب الكورونا غير دقيقة ولا تعكس الواقع. فالأرقام لا تميز بين من دخل المشفى بسبب اختلاطات الإصابة بالكوفيد وبين من دخلها لسبب آخر لكن تبين أنه مصاب بالصدفة بالفيروس. وكذلك الحال بالنسبة لضرورة التمييز بين الوفيات بسبب الكوفيد أو الوفاة لأسباب أخرى عند أشخاص كانت نتائج الكوفيد لديهم إيجابية.

٢٠٢١/٥/١١
حسام حمدان
كفرراعي

المرض المتوطن: هل هو السيناريو القادم؟

مع ظهور متحور أوميكرون الأقل خطورة تحوّلَ مسار الجائحة، ونظراً لسرعة انتشاره واحتمالية إصابة أكثر من نصف سكان العالم به، فقد العالم الأمل بالقضاء على الفيروس وأصبحت ضرورة التعايش معه أمراً حتمياً. وعلى ضوء هذه المستجدات ظهرت فرضية تحول الجائحة إلى مرض متوطن لا يشكل خطورة على المجتمع. لكن هل هذا هو فعلاً السيناريو القادم؟

وهل اقتربنا من تحقيق هذا الهدف؟

تأمل منظمة الصحة العالمية أن تشهد نهاية عام ٢٠٢١ تحول الكوفيد من وضع الجائحة إلى حالة المرض المتوطن، مؤكدة أن تحقق هذا الأمر يتوقف على عدالة توزيع اللقاح وتلقيح ٧٠٪

من سكان العالم من جهة، وعلى طبيعة المتحورات القادمة بعد أوميكرون من جهة أخرى.

تحول الجائحة إلى مرض متوطن يعني أن الفيروس سيكون قادراً على الانتشار ولكن على نطاق أضيق وبشكل موسمي، وبالتالي تأثيره على المجتمع سيكون أقل. والسبب وجود مستوى من المناعة بين أفراد المجتمع أو ما يسمى بالحائط المناعي نتيجة للإصابة السابقة بالفيروس أو التلقيح من جهة وتناقص قدرة الفيروس على الفتك من جهة أخرى.

دول عديدة ترفع وسترفع الكثير من القيود. لا شك أننا اليوم في وضع أقوى في التعامل مع الفيروس، ولم تعد الإجراءات التي اتخذت في بداية الجائحة مناسبة اليوم خاصة مع توفر

اللقاحات والأدوية وانخفاض قدرة الفيروس الإمراضية.

ومع ذلك لا بد من إبقاء أعيننا على الفيروس ومتحوراته، وما زال من المناسب ارتداء الكمامات في الأماكن المغلقة المزدحمة خاصة في ظل استمرار انتشار الفيروس في أغلب دول العالم.

عملياً يجب التركيز على عدد الوفيات و دخول غرف العناية المشددة والتفريق بين الإصابة بأعراض الكوفيد الشديدة وليس بنتيجة كوفيد إيجابية.

من المتوقع عودة الحالات للارتفاع مع قدوم فصل الخريف، وقد نضطر إلى إعادة بعض التدابير الاحترازية لإبطاء انتقال العدوى، وإعطاء اللقاحات للفئات الأكثر هشاشة وعرضة لخطر الإصابة الشديدة. وكما أن الفيروس يتغير، كذلك هي

حركة التراخي والتشدد في الإجراءات التي تعودنا عليها.

خلقت الجائحة نوعاً جديداً من الإيتيكيت يتمثل في نظافة الأيدي وأدب حماية الناس من الرذاذ المتطاير وارتداء الكمامة عند ظهور أعراض المرض. هذا الإتيكيت الصحي ما زال ضرورياً و ربما سيصبح جزءاً من أسلوب حياة مستدام لمواجهة موجات الأنفلونزا والكوفيد في المستقبل.

٢٠٢١/٥/١٥
حسام حمدان
كفرراعي

عدالة السلام

حتى يومنا هذا، لم تنجح أي ثورة في تاريخ الإنسان بدون مقاومة سياسية (سلمية) ومسلحة للاحتلال الأجنبي. ثم تسأل نفسك لماذا يجب أن تكون الثورة الفلسطينية استثناء؟

لا ينبغي أن يكون كذلك منذ أن أثبت الاحتلال ولا يزال يثبت عدم اهتمامه بصنع سلام عادل. بالعكس، إنها تفعل العكس ولا أحد يبدو ويهتم بإيقافه. الفلسطينيون هم آخر رجل يقف في وجوه الفساد والتلاعب والقمع والظلم والقيادات والأنظمة الاستبدادية.

هكذا كل عيون العالم عليكم أيها الفلسطينيون. بالحديث عن المخاطرة لتحقيق حل سلمي نعم لقد فعلها الفلسطينيون وحاولوا

جاهدين عندما وقعوا اتفاقية أوسلو عام ١٩٩٣ متجاهلين قانون الكنيست الإسرائيلي الذي أقر عام ١٩٨٠ بإعلان القدس عاصمة غير مقسمة من إسرائيل. ثم، واصل الفلسطينيون سعيهم للتوصل إلى حل سلمي على الرغم من أن الكونجرس الأمريكي أقر قانون ١٩٩٥ بإعلان القدس عاصمة غير مقسمة لإسرائيل.

ثم يلوم النفاق لعبة الفلسطينيين واستحوذت الأعذار لمدة ٢٧ عاما على المزيد من الاستغلال الذي غير المناظر الطبيعية وجعل واقعا جديدا غير النتيجة النهائية لحرب الإحدى عشر يوما الماضية بين إسرائيل والفلسطينيين هي إدراك الفلسطينيين ومؤيديهم الكامل أن نهج إسرائيل تجاه السلام من خلال التنمية الاقتصادية قد فشل فشلا هائلا.

من الآن فصاعداً، سيطالبون بالسلام القائم على العدل الذي يؤدي إلى دولة فلسطينية مستقلة ومتصلة. اتضح أن السلام القائم على التنمية الاقتصادية خدعة ولم يستفد إلا القليل في الجانب الفلسطيني وكافأ الاحتلال كثيرا (دون تفصيل). خلقت الفساد والامتيازات وشجعت على الاختلاس والرشوة. لا تنخدع مرة أخرى.. السلام على العدالة فقط.

كفر راعي / بوسطن
٢٠٢١/٥/٢١

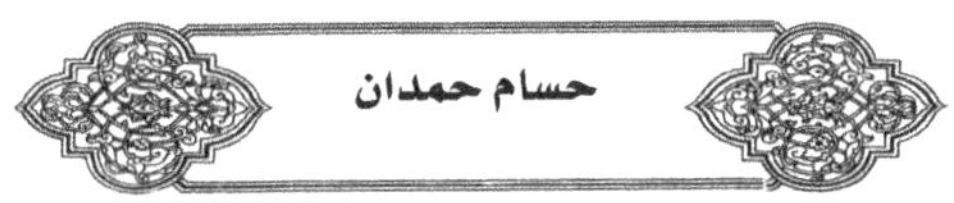

هل الأمم المتحدة مناهضة للسامية ومناهضة لإسرائيل؟

بالطريقة التي صورها السياسيون الإسرائيليون ومؤيدوهم على وسائل الإعلام الرئيسية في الغرب لفترة طويلة؟ ليس حقا، بل العكس وضد قيام دولة فلسطينية.

في الواقع، عندما تدرس وتمر ببعض الأحداث التاريخية منذ عام ١٩١٧ إلى الوقت الحاضر، ستفهم وتدرك لماذا لم تنفذ الأمم المتحدة قراراتها الخاصة بشأن الأنشطة غير القانونية واللا إنسانية الواسعة النطاق لإسرائيل وبدون تراخيص في فلسطين.

وعندما تتعمق أكثر، ستخلص إلى أن الأمم المتحدة منذ البداية

انتهكت مبادئها ومعاييرها الخاصة في التعامل مع فلسطين والفلسطينيين. ولكن بالنسبة لإسرائيل، قرارات الأمم المتحدة هي مجرد كلمات مكتوبة على ورق.

نقد ساخر في عالم السياسة؛ تمريرة حرة لخروج الأمور عن السيطرة في النهاية «إلقاء اللوم على اللعبة العربية»، على كل شيء، وخلق واقعها الخاص والحقيقة في فلسطين.

هذا يقودنا إلى السؤال الرئيسي: من هي الأمم المتحدة حقا؟ هل كان النظام العالمي الجديد بعد الحرب العالمية الثانية؟ هل تم إنشاؤها على أساس أجندة الصهيونية لتنفيذ مخططاتها في فلسطين.

ينعكس اندلاع هذه الحرب غير المتناسبة بين الإسرائيليين

والفلسطينيين على مدى هشاشة عملية السلام والفساد والظلم

طوال الوقت.

بل إنها أخفقت في خلق الآداب الأخلاقية واحترام الحياة والحق

في العيش بكرامة وسلام.

شغل الناس خنزير مهما كان نوعه ومهما وضعت أحمر الشفاه

عليه يبقى خنزيرا لن تجد السلام أبداً عندما تستمر في دعم

وتشجيع الاحتلال. الغطرسة، العداوة، انتهاك حقوق الإنسان،

المصاعب، فقدان الأراضي

والأرواح. لا أحد يهتم حقا أو يهتم بحل عادل للصراع، لقد

أصبح الكأس المقدسة منذ وقت طويل.

بالتأكيد لدينا مؤيدون، ولكن عندما يأتي الحشد، يصبح

الفلسطينيون وحيدون بالفعل ولا أحد يستطيع حمايتهم سوى

أنفسهم.

حسام حمدان
كفرراعي/ بوسطن
٢٠٢١/٥/١٥

من هنا أتينا.. ومن نحن؟ وما نؤمن به؟

يقول تعالى: «ولا تعتدوا إن الله لا يحب المعتدين» – إن الله

لا يحب المعتدين والذين يشنون الأعمال العدائية ويخلقون

الفوضى والفساد.

فى هذا السياق، أنظروا إلى ما حدث لنا نحن الفلسطينيين لقد

كنت المعتدى، وأخذت أرضنا، وشردت الملايين منا ﺔ أرض غير

أرضنا كلاجئين، وقتلت وسجنت إخواننا المواطنين.

مصادرتكم المستمرة للأرض، والمطالبة غير القانونية بالقدس

بأكملها واحتلالكم غير الأخلاقي الذي يشوه هويتنا ويلقي

بظلال العار على كبريائنا.

جعلتم من الصراع علما نوويا وورطتمونا ﺔ مفاوضات لا نهاية

لها من أجل السلام في الأفق ولا دولة فلسطينية مستقلة وديمقراطية ومتصلة وعاصمتها القدس الشرقية.

بالعكس، استمر عدوانك الذي فرقنا لعقود حتى تتمكن من شراء الوقت لنفسك وخلق واقعك الخاص على أرض الواقع وحقيقتك الخاصة. غياب السلام يظهر أنك كنت تتلاعب بالناس والعالم من أجل مصلحتك الخاصة.

على المرء أن يفهم أن وجود الاحتلال في حد ذاته هو عدوان مستمر على أخلاق العالم.

٢٠٢١/١١/١١

حسام حمدان

كفرراعي

تَغيِّر المجتمع

ما يمكن أن يغير أي شيء في المجتمع هو مشاعر الجمهور. عندما يصبح الجمهور واعيا ومدركا لما يحدث في داخلهم وحولهم، يمكنهم حينها أن يتجمعوا للتصرف والقيام بشيء حيال ما لا يحبونه ويجبرون على التغيير.

من يمكنه التأثير على مشاعر الجمهور وتغييرها؟

إعلام مستقل وغير متحيز بكل أشكاله.

إعلام يفهم دوره هو أن يخبر الجمهور بما يحدث فعلا- ويقول الحقيقة.

كتاب وشعراء وموسيقيون وفنانون.

سياسيون أصليون دورهم الوحيد هو خدمة الجمهور وليس

مصلحتهم الخاصة .

المعلمون وأولياء الأمور .

إذا كان كل ما هو موجود في مجتمع ما، فإن القادة الشعبيين الجديرين بالثقة في المجتمع يمكن أن يظهر دورهم حيث يمكن للجمهور أن يتطلع إلى الثقة والمتابعة والحشد لتغيير الأمور على أرض الواقع من أجل نتيجة أفضل وللصالح العام .

٢٠٢١/١١/١٢
حسام حمدان
كفرراعي

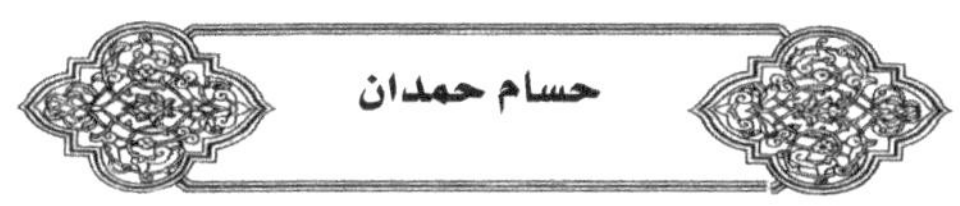

عصر جديد

ادعت إسرائيل أن معظم الأراضي التي تمتلكها في فلسطين اشتراها اليهود من الجنرالات العسكريين ومسؤولين حكوميين رفيعي المستوى من الدول التي احتلت فلسطين، وهي (تركيا وانجلترا) ومن العرب الأغنياء.

بما أننا أصبحنا نعيش في عهد جديد ونعيش في العالم الرقمي، يجب على الحكومة الفلسطينية إنشاء لجنة مهنية مكونة من محامين ومهنيين عقارات ومحاسبين للتنقيب عن الأرشيف التاريخي والأعمال وإيصالات البيع.

ومعرفة من كان متورطا وكيف حدث ذلك.

من المخالف للقانون الدولي أن يعبث المحتل بالأرض التي يحتلها

وعندما يغادرها من المفترض أن يتركها سليمة وإلا يصبح العالم كله حديقة حيوان.

الاستيلاء على أرض فلسطين وبيعها دون علم أصحابها الأصليين وجعلهم لاجئين هو أمر إجرامي وغير أخلاقي ومخالف للقانون الدولي.

يجب على الفلسطينيين أن يقدموا ملفا كبيرا لكل ما سبق ذكره حتى يتمكنوا من فهم أفضل طريقة للتعامل مع المفاوضات المستقبلية، وأن يجعلوا مطالبهم عالية بالتعويضات والتوصل إلى سلام شامل للجميع.

يجب على الفلسطينيين أن يتعاملوا علمياً مع الضرر الاقتصادي والإنكار والدمار الذي يفرضه عليهم الاحتلال غير القانوني

واللا إنساني وغير العادل.

يمكنهم القيام بذلك من خلال جمع ودراسة وتحليل البيانات من جميع قطاعات الاقتصاد وإعداد تقرير شامل دقيق وشفاف وغير متحيز.

يمكن تقديم التقرير محليا وعالميا لجميع وسائل الإعلام والسفارات وحركات الحق المدني والمؤسسات الاقتصادية والشركات والأمم المتحدة وخاصة أعضاء مجلس الأمن التابع للأمم المتحدة.

ميزة أخرى لوجود هذا التقرير هي إخبار الدول التي تدعم الاحتلال، وتبرعاتها الخيرية ومساعداتها الاقتصادية للفلسطينيين أقل بكثير مما تحرم الفلسطينيين من الحصول عليه

لو كانوا مستقلين وأحرار يقررون مصير دولتهم واقتصادهم.

آمل أن يبدأوا العمل عليه الآن.

٢٠٢١/١١/١٣
حسام حمدان
كفرراعي

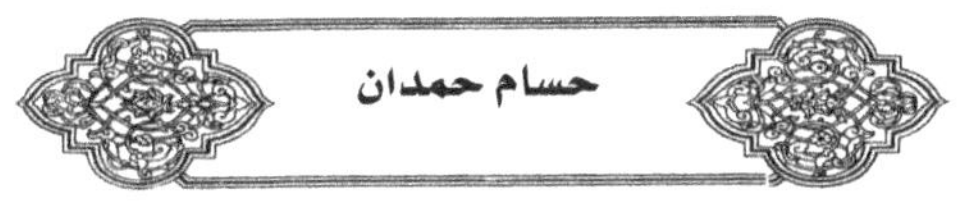

الأنثى

راعية أنثى تتماشى مع الطبيعة والحيوانات. يمكنك أن تلتقط جمالهن ورشاقتهن وكبريائهن وبراءتهن.

كما لو أن النبي موسى عليه السلام أعارها عصاه لترشد نفسها وغنمها للسير في برية أرضها دون ازعاج ومصمماً على البقاء والاستمتاع في حرية وسلام.

لقد أعاد ذلك المشهد صورا في ذاكرتي لما اعتادت النساء القيام به في القرية وبمفردهن.

يا لها من صورة ويا لها من امرأة!

نحن الفلسطينيون :

بغض النظر عن من أنت؟ وما هي الحكومة أو المنظمة التي تنتمي

إليها، نشارك نحن الفلسطينيون الحقائق الأساسية التالية :

١ - لا توجد دولة خاصة بنا.

٢ - المهنة المشتركة.

٣ - نقاط التحقيق.

٤ - حظر تجول غير متوقع.

٥ - لا مطار لنا.

٦ - لا توجد سفن شحن.

٧ - القيود الاقتصادية.

٨ - عدم وجود صناعات لدعم الاقتصاد المحلي للوقوف على

قدميه.

٩- توابع جائحة كورونا.

لذلك أيها الفلسطيني، قبل أن تصبح معادياً (سجن، سجن، اضطهاد، اختطاف، قتل) لأخيك الفلسطيني، يجب أن تتذكر هذه الحقائق المشتركة التي نشاركها جميعا.

عندما تصبح الأمور معقدة أمامك، عد إلى وطنك ونفسك.

آمل أن تفعلوا جميعا.

كبرنا على هذه المقولة القديمة «احمارتك العرجة ولا احصان غيرك ـحمارتك العضيم وليس حصان غيرك»، هذا القول يؤثر تأثيرا إيجابيا على الحياة الشخصية والاقتصادية

والاجتماعية والسياسية في وقت مبكر.

عند سماع وفهم تلك المقولة، تم خلق الآمال والأحلام في أن تصبح مستقلًا، والتحكم في مصيرك الذي يؤدي إلى حياة كافية ومستدامة وفخورة في عقل المرء وقلبه وروحه.

لجعل تلك الآمال والأحلام حقيقة، يدفع الشخص لاكتساب المهارات، وصياغة التحالفات، والحصول على موقف إيجابي، والمجازفة وفهم المكاسب والخسائر.

يصبح امتلاك عمل خاص به هدفاً وتلوح ريادة الأعمال في الأفق نتيجة لهذه المقولة.

ما دام القول المذكور أعلاه معروفا ومعمولًا، سيظل الفلسطينيون يقاومون العيش في ظل دول أخرى.

تطلعاتنا إلى التحكم في مصيرنا هو حلم طال انتظاره ولا يمكن

تحقيقه إلا من خلال وجود دولتنا المستقلة.

من يخبرك بخلاف ذلك فهو أحمق.

٢٠٢١/١١/١٥
حسام حمدان
كفرراعي/ بوسطن

التسامح

ما يعنيه هذا حقا بالنسبة لي :

كان ولا يزال إعلانا قاطعا للتسامح المطلق والتعايش السلمي في منطقة محيط المسجد الأقصى. كل ما كان موجودا، يمكن أن يكون موجودًا وسيكون موجودا في تلك المنطقة حول المسجد الأقصى المبارك.

أدرك أن المنطقة دائرية وأن الله أبقى قطرها مجهولا حتى لا يعرف أحد إلى أي مدى تذهب. ربما لأن الله يريد استخدامه اختبار وجعله عبرة حتى يتمكن بقية العالم من محاكاة ذلك.

أن يعلن الله منطقة مباركة بدون شروط مسبقة وتفضيلات يظهر أن الله كبير جبار ونظامه يستطيع التعامل مع أي شيء في

مكان متسامح ومتعايش بسلام.

خلق الله الأساس ببركته، وربما تركه للإنسان لتحديد طول

قطر تلك الدائرة المباركة.

إذا كان الله يمكن أن يبارك بدون حكم، فمن أنت كرجل لتحكم

على الآخرين وتخبرهم ما يجب وما لا يجب أن يكون، أين وأين

لا يمكنهم الذهاب ـ خاصة مع معرفة أن الشخص يمكن أن يعيش

مرة واحدة فقط على الأرض ويمكن أن يموت في أي لحظة.

لهذا السبب، فإن للفلسطينيين كل الحق في تقرير المصير، وأن لهم

حياتهم المستقلة.

٢٠٢١/١١/١٧
حسام حمدان
كفرراعي

هل أنت مؤهل؟

هل أنت مؤهل حقا للوظيفة أم سيتم انتخابك؟

يعني أنها فقط لأنك تمتلك المعرفة، فهذا غير المناسب للوظيفة أو المنصب الذي تبحث عنه.

عندما تكون المعرفة الخاطئة مسؤولة تصبح أسوأ من الجهل.

عندما يتم تعيين شخص لديه معرفة خاطئة مسؤولاً، سوف يدعو إلى الرشوة والفساد والتلاعب والمحسوبية.

أسوأ وأخطر موقف هو عندما توجد المعرفة الخاطئة في الحكومة.

سيفقد مواطنو تلك الحكومة في الغالب الثقة بقياداتهم ومؤسساتهم التي تشكل سابقة مؤلمة من الفوضى والانقسام

والمشقة والركود وعدم التخطيط والرؤية للمستقبل.

لا تستخف بالأمر، ضع صاحب العلم الصحيح بالوظيفة التي

تتطلب وتحتاج إلى تلك المعرفة.

٢٠٢١/١١/١٩
حسام حمدان
كفرراعي

الانْتفاضة

الوجوه الجديدة للانتفاضة الفلسطينية صغار مدركين لمحيطهم ومرضى ومتعبين من ركود الوضع الراهن.

لقد تم الاستخفاف بهم والتلاعب بهم والكذب عليهم من قبل قادة وسياسات متغطرسة وجهلة تركوهم يعيشون على عدم اليقين وعديمي الجنسية.

يريدون ويطالبون بالعمل من أجل حياة سلمية مليئة بالحرية، وحقوق الحفاظ على ثقافتهم وتاريخهم، وعملهم، وكبريائهم وكرامتهم، كل ما يمكن تحقيقه من خلال امتلاك دولتهم الخاصة لا شيء آخر. هل من الكثير أن أطلبه وأطمح أن يكون لديك؟

لا أعتقد ذلك إذا كنت تسمي نفسك إنسانا متحضرا.
٢٠٢١/١١/٢١
حسام حمدان
كفرراعي

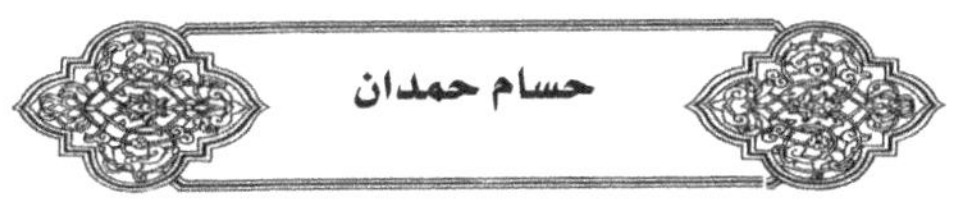

انتخابات فلسطينية

لا يمكن اعتبار إلغاء الانتخابات الفلسطينية أمر مفيد للقضية الفلسطينية على المدى الطويل. إنه في الواقع يؤدي إلى نتائج عكسية وسيؤثر على القضية بشكل سيء.

لم يفت الأوان للسلطة الفلسطينية أن تعيد النظر في موقفها. الرئيس محمود عباس ليس لديه ما يخسره سوى الكسب. عليه إجراء الانتخابات في ساحة المسجد الأقصى، ونشر قواته الأمنية لحماية الناخبين والتأكد من سيرتها السلمية والديمقراطية.

إذا ظهرت القوات الإسرائيلية وحاولت منع الانتخابات،

فستكون فرصة جيدة لشعوب العالم وخاصة على هذه الدول الديمقراطية لرؤية ما تفعله حكوماتها وتقف من أجله.

إلغاء الانتخابات سيحرمهم من رؤية ومشاهدة هذه الممارسة الأساسية للديمقراطية – حق التصويت بحرية.

القادة العظماء جريئون، اغتنم الفرص واغتنم الفرص- اغتنمها وافعلها يا سيدي الرئيس.

٢٠٢١/١١/٢٢
حسام حمدان
كفرراعي

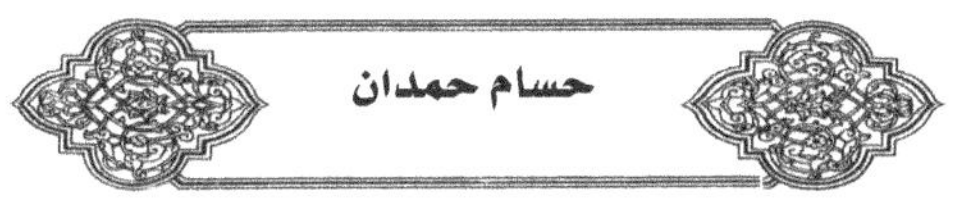

تونس الخضراء

هنا واحد يهتفون له ويفتخرون به – أنس جابر لاعبة تنس تونسية تحتل المرتبة ٢٥ عالمياً وأغلى لاعبة عربية في تاريخ رابطة التنس للسيدات. في العام الماضي وصلت إلى ربع النهائي في بطولة أستراليا المفتوحة.

حظيت جابر باستقبال شعبي واسع لحصولها على المركز الثاني في بطولة ويمبلدون للتنس، إذ توافد مئات التونسيين إلى شارع الحبيب بورقيبة في تونس العاصمة، وتوجهت لهم بطلة التنس بكلمة شكر أمام المسرح البلدي.

لاعبة رياضية للغاية، لديها ضربات أرضية جيدة، رائعة على الشبكة وتسديداتها مبهرة، خدمة جيدة، تنافسية ويمكنها العودة من الخلف.

راقبها في بطولات التنس الرئيسية القادمة. مثيرة جدا للاهتمام ومشوقة لمشاهدتها وهي تلعب.

٢٠٢١/١١/٢٥
حسام حمدان
كفرراعي

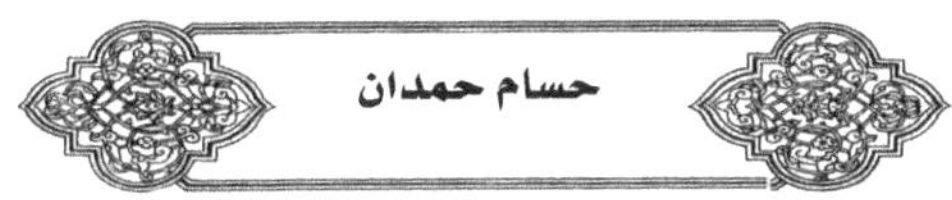

ما يحدث بالقدس- عار وعار مطلق

يحتج الفلسطينيون سلميا ﭰ القدس المحتلة حتى يتمكنوا من ممارسة حقهم ﭰ التصويت بحرية واختيار قادتهم السياسيين. وسيستمرون ﭰ القيام بذلك حتى يتم الاستفادة من حقهم ويتحول إلى حقيقة واقعة.

ﭰ هذه الأثناء، يقابل المتظاهرون السلميون بالغاز المسيل للدموع والاستخدام المفرط للقوة من قبل الجنود والمستوطنين الذين يعرضونهم للضرب والمضايقات والسجن والموت.

لاحقنا العيار لباب الدار.. وها نحن بدير جراح.. باب العمود وساحة الاقصى. فماذا تفعلون وستفعلون بنا؟

حسبي الله ونعم الوكيل.

٢٠٢١/١١/٢٧

حسام حمدان
كفرراعي

أين مطار فلسطين؟

هل لا يزال هؤلاء الناس لا يملكون حتى مطارا خاصا بهم في القرن ٢١؟

العديد من الإجابات المليئة بالأعذار التي سيستغرق شرحها سنوات. دعنا نفكر في الآن.

يجب أن يبدأ الفلسطينيون في المطالبة بمطارهم الفلسطيني الدولي.

سيخلق إنشاء قطاع طيران آلاف الوظائف ذات الأجر المرتفع والتي ستولد مليارات الدولارات للاقتصاد الراكد الذي يعتمد في الغالب على المساعدات الأجنبية والجمعيات الخيرية الهزيلة.

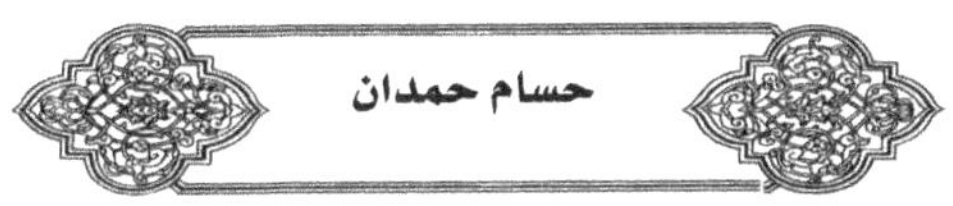

سيقوم قطاع الطيران بتنشيط قطاعات الفنادق والسياحة والصيانة والبرمجيات والهندسة.

وجود مطار فلسطيني دولي سيخفف من المعاناة الاقتصادية والجسدية من تغيير الطائرات والحافلات والانتظار عند نقاط التفتيش والمعابر الحدودي.

بصراحة، يتم تشجيع المسافرين على السفر إلى فلسطين عندما يتمكنوا من الدخول في وخارجها بشكل مريح ورخيص ومباشر.

لم يكن ينبغي أبداً السماح للسياسة بحرم الفلسطينيين من الوصول إلى العالم مباشرة عبر مطارهم الدولي إنه حق من حقوق الإنسان.

يجب أن يتوقف الخوف من الفلسطينيين ويحتاج إلى العمل الآن

لبدء بناء بوابات فلسطين الخاصة إلى مطار فلسطين الدولي.

٢٠٢١/١١/٢٩

حسام حمدان

كفرراعي

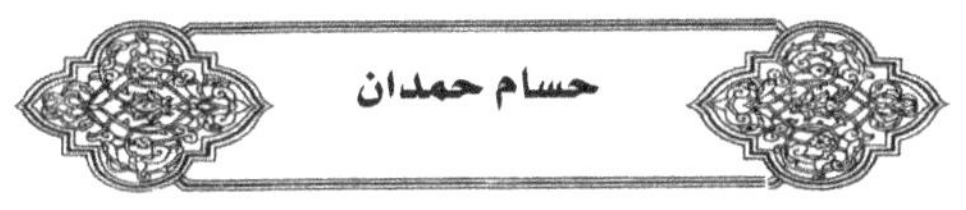

العقدة الجوردية

هنا مقولة يجب أن تعرفها، غالبا ما يستخدمها السياسيون

ومأخوذة من الأساطير اليونانية التي تسمى «قطع العقدة

الجوردية».

العقدة الجوردية معقدة ومربوطة بقوة وترمز إلى مشكلة

صعبة يكاد يكون من المستحيل حلها.

لا شك أن هناك عقدة جوردية في عملية السلام بين الإسرائيليين

والفلسطينيين. حاول الكثيرون على مر السنين بطرق عديدة

فك العقدة وإعادة بدء المفاوضات دون جدوى سوى تشديد

العقدة أكثر إحكاما.

آخر واحد لتجربته هو ترامب. ظن العارفون في الإعلام والملايين

من مؤيديه أنه الإسكندر الأكبر الجديد وسيقطع العقدة بحركة

جريئة ويعيد التفاوض وينقذ حل الدولتين.

من المؤكد أنه قام بتحركات جريئة (نقل السفارة الأمريكية

إلى القدس، وضم مرتفعات الجولان، وصديقة للمستوطنات في

الضفة الغربية، وقطع المساعدات للفلسطينيين، وانتهك قرارات

الأمم المتحدة والقوانين الدولية ودون مشاركة فلسطينية).

لكن كل شيء فشل وما زالت عقدة الجورديان ضيقة.

٢٠٢١/١٢/٢
حسام حمدان
كفرراعي

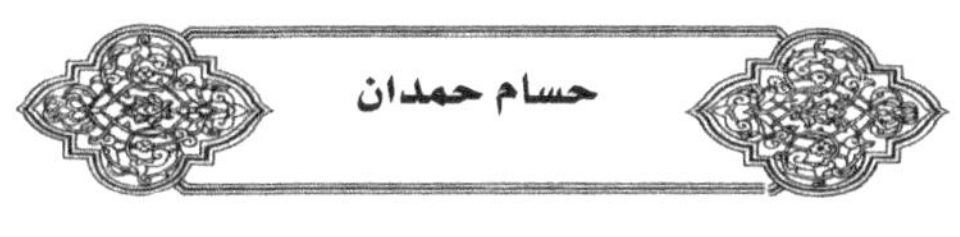

الوقاية خير

لمعلوماتك الخاصة : اللقاحين المعتمدين مؤخرا لفيروس كورونا الذي طورته فايزر ومودرنا ينسبان إلى طبيبين عربيين من (لبنان وموراكو) الذين أسسا اللقاحات بالفعل. بدأت وسائل الإعلام الأمريكية في ذكر ذلك وتسليط الضوء عليه.

حتى إذا حصلت على اللقاح، لا يزال عليك ارتداء قناع التباعد الاجتماعي والقيام بتعقب جهات الاتصال. هذه لقاحات جديدة ولا أحد يعرف الآثار الجانبية بالضبط في المستقبل

ومدى فعاليتها في الوقاية من الإصابة بالفيروس مرة اخرى.

تذكر القول القديم الوقاية خير من العلاج.

٢٠٢١/١٢/٤
حسام حمدان
كفرراعي / بوسطن

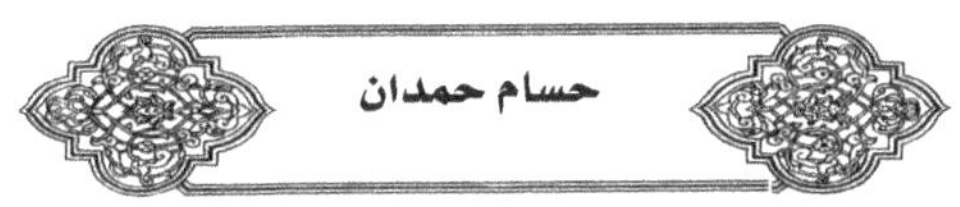

«البتكوين» وسلسلة الكتل الرقمية (SGR)

بعض شركات التكنولوجيا الفائقة الذكية والبنوك الكبيرة المعروفة تعمل بالفعل في مجال الأعمال التجارية ولصالح عملة مشفرة مدعومة بالأصول، والتي تعادل حقوق السحب الخاصة لصندوق النقد الدولي (SDR) وستحل محل الدولارات كعملة دولية محجوزة.

لا يوجد حملة أسهم، لا تصنيف من قبل مجموعة متحيزة إيديولوجية ولكن من قبل حاملي الرموز أنفسهم. في كل مرة تشتري فيها رمزا، سيتم إيداع الأموال في حساب مضمون سيضمن ما يكفي من المال عندما يقرر شخص ما صرفه.

مثلما جعلت الحرب العالمية الثانية الدولار العملة الدولية

المحجوزة، فيروس كورونا سيجعل من العملة المشفرة «البتكوين»

وخاصة العملة الرقمية القائمة على سلسلة الكتل العملة

الدولية الجديدة المحجوزة.

سيتحقق التبني السريع في أقرب مما نتوقع.

٢٠٢١/١٢/٦
حسام حمدان
كفرراعي / بوسطن

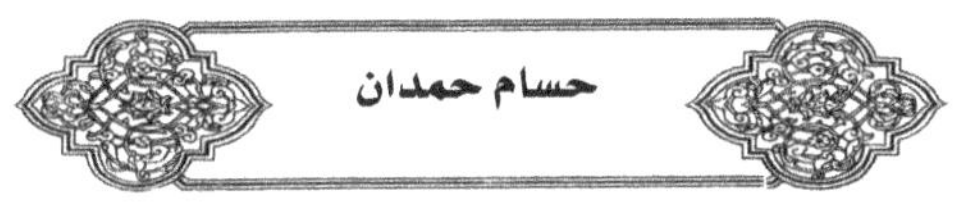

وقت الأحذية والقرنفل

في بوسطن، لدينا عاصفة ثلجية شتوية مستمرة. بارد وعاصف،

حان وقت الأحذية والقرنفل والأغطية والأوشحة والمعاطف

وحساء الدجاج الدافئ والشاي.

يبدو الهواء منعشا ونظيفا، سوف يتجمع ويأخذ نزهة لطيفة في

الثلج.

٢٠٢١/١٢/٨

حسام حمدان

كفرراعي

١٠ أكتوبر ٢٠٢٠

لقدت ولدت. تربيت وتعلمت التحدث والكتابة.. شكرا لك.

من تلك النقطة وبالله الهداية طبقت المنطق ليأخذني من نقطة لأخرى.. وأخذني الخيال وما زال يأخذني إلى كل مكان (لعلك لا تدري) في هذه العملية.

لم أحب أبدا محاكاة أي شخص، الكذب أو الغش أنا منتج من صنعي الخاص هكذا يطلب منك جينتي الفلسطيني أن تتركني وتتوقف عن إنكار هويتي والتشكيك فيها.. قد حصلت عليها السيد والسيدة الديمقراطية.

٩ أكتوبر ٢٠٢٠

فيروس كورونا درس كبير عاش فيه الجميع.. وفي الوقت الحالي

أنشأ حلقة أخرى حيث كان يرغب معظم الناس في العودة إلى الأرض مرة أخرى وإعادة الأعمال وإعادة عيش حياتهم بشكل مختلف.. معظم الناس كانوا يتمنون أن تعود الحياة إلى ما كانت عليه قبل فيروس كورونا..عش وكن ممتنا.

٩ أكتوبر ٢٠٢٠

يجب اعتبار شخص ما محظوظا عندما يكون الآن في مرحلة من الحياة حيث يكون تقديم المساعدة للآخرين متعة وبدون تفسير أو رد بالمثل.. اسع جاهدا لتكون ذلك الشخص.

١١ أكتوبر ٢٠٢٠

أثبت علماء الطب أن الحفاظ على النظافة الجيدة والملابس النظيفة هي طرق جيدة لمنع الأمراض والجراثيم الضارة (مثل

فيروس كورونا) من دخول جسم الإنسان.. يفهم المسلم الآن لماذا يجب عليه الغسيل اليومي (الوضوء) قبل تقدير أنفسهم أمامه وبشكل غير مباشر لحمايتهم من الفيروسات المعدية مثل فيروس كورونا.. وبالمناسبة أنف الطفل مليء بالجراثيم.

١١ أكتوبر ٢٠٢٠

هذه حكمة شائعة في كفرراعي (كفرراعي) والتي تعني: ابتعد عن الطرق المظلمة، لكن الطرق فقط قد لا تحصل على ما تريد ولكن اذا نظرت إلى ما تريد ولكن إذا نظرت إلى ما حدث للقضية الفلسطينية والرواية فقط تمت معاملتهم بطرق ظالمة ونرجسية وحربية حقيرة. سيقف مونتر بطرق عادلة قد لا تحصل على ما تريد ولكن يمكنك الحفاظ علي شرفك والتمسك به.

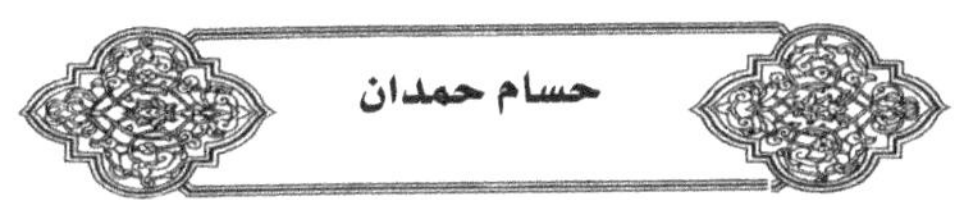

٢٤ أكتوبر ٢٠٢٠

تجعل أشجار الزيتون من كفرراعي (كفرراعي) مكانا مباركا؛

من بين كل أشجار الأرض اختار الله شجرة الزيتون لتمثل نوره

وتصف نور الله كشجرة زيتون لا من الشرق ولا من الغرب يمكن

لزيتها أن يضئ ساطعا دون أن تمسسه النار.

نور الله يمكن أن يصل إلى أي شخص في أي مكان لذلك مع الله

الهداية يمكن لأي شخص أن يصبح مسلما وعالما في الإسلام.

نور الله مثل شجر الزيتون.. هذه دعوة للعولمة.

الآن فهمت لماذا كفرراعي وأهلها مكان مرحب وساحر للجميع..

تجد فيه التنوع والفضول والعقل المنفتح والعفوية والمرونة على

طول أزقتها وتضاريسها الوعرة.

٢٠٢١/١٢/١٠

حسام حمدان
كفرراعي

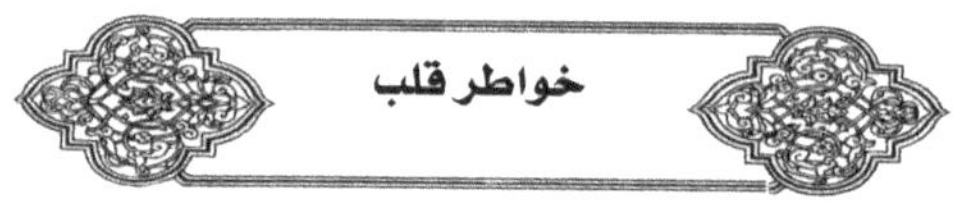

أوجاع الغربة

لاحظت ان بعض الذين يعيشون في كفرراعي يلومون زملائهم في كفرراعي الذين يعيشون بالخارج لعدم بذل الخير والعطاء.

ذهبوا أبعد وبدا كمحتل أجنبي آخر واستجوبوا عن محلهم الذي ينتمون إليه القرية!

أولا وقبل كل شيء، يجب أن تفهم أن الناس يأخذون منازلهم أينما ذهبوا، وثانياً ليس لديك أدنى فكرة عما يمر به الفلسطيني من قريتنا للتكيف مع البلد الجديد. العزلة والاتهام والتمييز والتنافس من الأجناس الأخرى الذين نشأوا في أماكن وموارد أفضل من الفلسطيني من قريتنا الذي يضطر باستمرار إلى اللحاق بالركب.

كيف وماذا تعرف ماذا يفعلون من أجل الخير والعطاء في بلدهم

المقيم؟ حقيقة أنهم يعيشون هي مؤسسة خيرية وبقاء لقريتنا.

لا يحب الجميع أو يستطيعون تحمل تكلفة إعطاء المال والأرض

للجمعيات الخيرية.

حسب الإسلام، المحتاجين وأقرب الأقارب والأقارب والأخوة

أكثر أولوية وأحق بصدقاتك وعطائك.

في هذا الشأن، قد يكون سكان كفرراعي الذين يعيشون خارج

القرية مجهولون الهوية، ولكن مشاركين في الخير.

٢٠٢١/١٢/١١
حسام حمدان
كفرراعي

اعطوهم فرصة

جميع المزارعين حول العالم يعملون بجد ويجب احترامهم.

للاعتراف بأهميتهم ومكافأة عملهم الشاق، تحتاج إلى السماح لهم بالمنافسة بشكل عادل في السعر والجودة حتى يتمكنوا من تسويق وبيع منتجاتهم على الصعيد الدولي.

يجب شمول المزارعين الفلسطينيين.. اعطوهم فرصة.

٢٠٢١/١٢/١٣

حسام حمدان
كفرراعي

قرية إلى الأبد

أنا داعية لبقاء قريتنا كفرراعي وتسمى قرية إلى الأبد.

تجلب كلمة القرية الطاقة والسحر والغموض والعمل الجاد

حيث يمكن العثورعلى المصداقية والسلام والطمأنينة.

أنا لا أعارض تحديث الخدمات ولكن ليس على حساب هوية

وتقاليد القرية.

يجب أن يكون لدى مكتب الرئيس قسما للحفظ للإشراف على

التوازن والحفاظ عليه.

الكثيرمن السكان يتألمون ويخشون أن يكون كفرراعي على وشك

فقدان هويته كقرية.

التدخل الضروري من خلال ترشيح وانتخاب رئيس بلدية جديد

له جذور عميقة ورؤية وتعليم سيبقي كفرراعي قرية وحديثة

في نفس الوقت.

نحن بحاجة إلى العثور على مرشح، هل يعرف أحد شخصا ما؟

يرجى إخباري وأنا على استعداد لدعم حملته.

٢٠٢١/١٢/١٥
حسام حمدان
كفرراعي

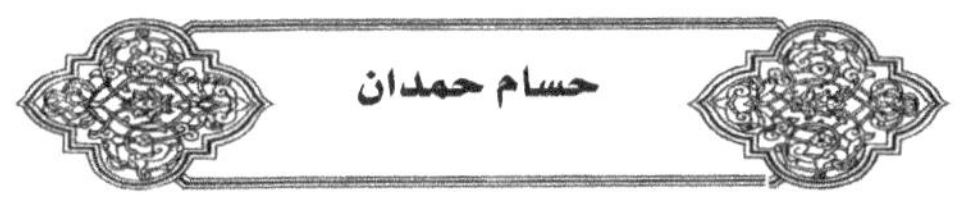

تَقَالِيدِ كفرراعِي

تدور جميع جوانب حياتنا حول الإدارة والتوازن. بالنسبة لي عندما نشأت ﺟ قرية كفرراعي، كان هذا التوازن المتحرك ورأيته أينما ذهبت، ذكرتني ألا أفسد الأمر، دائماً أتحقق وأصبح عادلاً منذ ذلك الحين.

ليت مجلس الأمن يتعامل مع الهوية الفلسطينية والرواية بعدل كمان.

ﺟ أمريكا، اشتريت لي مقياسا نحاسيا لمواصلة تقاليد كفرراعي. يجعلني أنظر بشكل أعمق ﺟ داخلي للوصول إلى تلك الرغبة حيث يبقي الإنصاف الوزن على الميزان متوازنًا.

٢٠٢١/١٢/١٧
حسام حمدان
كفرراعي

حماية التراث الفلسطيني

هذا تحذير صريح من أولئك الذين يخترقون ويعملون على تدمير تراث الأمم أو الشعوب الأخرى دون أي اعتبار للإنسانية والوجود. في السلم أو الحرب، يجب أن يبقى تراث الشعوب/ الأمم سليماً وبدون تدمير.

الفلسطينيون شعب، تم السخرية من تراثهم والضحك عليه والاحتقار والاعتداء عليه على مر السنين – كل ذلك تم بشكل عشوائي وبدون عقاب.

من أجل أن يحمي الفلسطينيون كشعب تراثهم ويحافظون عليه لابد أن يكون لديهم دولتهم المستقلة.

من لا يؤيد ويخالف فهو يخالف انذار الله ويتحمل عواقب الله.

فلتهتدوا وتسمعوا كلام الله.

٢٠٢١/١٢/١٩

حسام حمدان

كفرراعي

أبرز عناوين الانتخابات الأمريكية

الأمر الذي أصبح واضحاً في الانتخابات الأمريكية هو كيف دفعت النشاطات النسائية السود في أتلانتا / جورجيا وفيلادلفيا / بنسلفانيا.

منذ عام ٢٠١٨، تمكنت هذه النشاطات من حشد الناخبين المسجلين وأضافوا أكثر من ٨٠٠ ألف ناخب مسجل حديثا وصوتوا للديمقراطيين.

أتوقع أن تستمر هاتين الولايتين في التصويت للديمقراطيين لسنوات قادمة.

إذا كنت سياسيا ترشح لمنصب في هاتين الولايتين أو ترشح لمنصب الرئيس، فإن الأصوات السود تهم وتحدث فرقا ويمكنها تغيير

نتيجة الانتخابات هذه حقيقة مهمة وقوية وفخورة لكونك

أسود يعيش في أمريكا.

تمت أيضا إصابة النساء «السوبربان» في هذه الانتخابات لأنهن

شعرن بالإهانة والتهميش.

أصبح تهديد المؤسسات الديمقراطية خطيرا للغاية ولكن غير

الديمقراطيين أصبحوا يشعرون أن تفوق المؤسسات الديمقراطيه

أصبحت تشكل خطراً عليهم وتهدد وجودهم ومصالحهم.

٢٠٢١/١٢/٢١
حسام حمدان
كفرراعي

التقوى

خير الرزق وأكمله والمكسب الحقيقي دائما هو التقوى.

هذا يعني ضمناً أن كل ما تحاول فعله أو تحققه يجب أن يكون دائماً مراعياً لما يرضي الله في هذه العملية.

قد تنشأ فتن بشرية وهمسات شيطانية في الفترة الفاصلة، لكن ركز، اعمل أقصى ما تستطيع وارسم خطا بينك وبين ما يرضي الله.

لا أحد كامل، ولكن بالنية الحسنة تفعل الأشياء بالتوازي مع ما يرضي الله.

حاول ألا تعمل عملا أو تكتسب شيئا على حساب رضى الله.

٢٠٢١/١٢/٢٤

حسام حمدان

كفرراعي

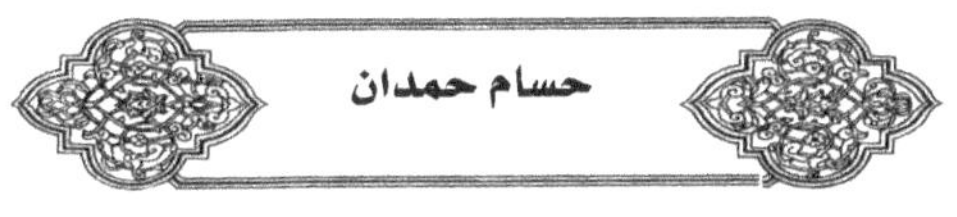

خطيئة الإغفال

حتى الآن لم تجد الهوية والرواية الفلسطينية أي ولع في مجلس الأمن في الأمم المتحدة.

خطيئة الإغفال والتنقيح، العقاب لا يناسب الجريمة والعدالة لا يشعر بها أبدا، مستبعدة وغير ذات صلة في قضيتنا.

كيف تجذب أعضاء مجلس الأمن ليكونوا إمبرياليون عندما يتعلق الأمر بالفلسطيني هو كفاح مدى الحياة ويستمر، إلى متى، لا أحد يعرف.

على المرء أن يستمر في المحاولة، بغض النظر عن النتائج.
٢٠٢١/١٢/٢٦
حسام حمدان
كفرراعي

ثنائية المالية والسياسة

في كفرراعي، نحن الشعب نعتقد أن المالية والسياسة مترابطان وتؤثران على حياتنا اليومية بطرق عديدة. لذلك نولي اهتماما للسياسة والمالية المحلية والدولية.

أحد الاهتمامات الكبيرة تتمثل دائما في الانتخابات الرئاسية الأمريكية، لأن نتائجها يمكن أن تؤثر على سياسة إسرائيل تجاه الفلسطينيين في جميع جوانب حياتهم.

في بداية كل عام انتخابي، نبدأ في طرح السؤال فيما بيننا من نفضل: رئيس ديمقراطي أم جمهوري؟ أو هل يهم في كل هذا الوقت؟ ثم يرن صدى كلمة ديمقراطية في آذاننا ونقول بالطبع الرئيس الديمقراطي.

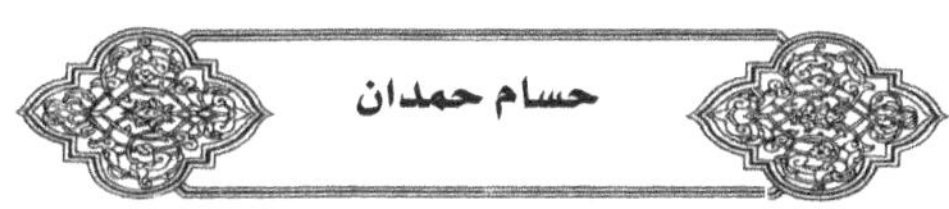

في نهاية مارس وأوائل أبريل من نفس العام، نبدأ بمشاهدة تحركات سوق الأسهم، وتخصيصات الأسهم والأصول، وإعادة التناوب في القطاع وتدفق الأموال والخروج من قبل مدراء صندوق وول ستريت.

من كل هذا يمكن أن نتوقع أي مرشح سيفوز في الانتخابات الرئاسية الأمريكية.

منذ أبريل من هذا العام، توقعت كفرراعي/ فلسطين أن يفوز المرشح الديمقراطي جو بايدن بسباق الرئاسة الأمريكية ويصبح رئيساً وتصبح كامالا هاريس نائبة الرئيس.

٢٠٢١/١٢/٢٨
حسام حمدان
كفرراعي

كيف تساعد الناس أن يكونوا صالحين ومعطاءين؟

إليكم انعكاسي ومدخلاتي حول أفضل الطرق لمساعدة الناس على أن يصبحوا خيرين ومعطاءين: الخير والعطاء يأتي بطرق عديدة وليس فقط من خلال المال والأرض ولكن أيضا من خلال الكلمات الرقيقة والموقف الإيجابي والمساعدة الجسدية والكتابة مهنة الشخص الخاصة وإحساسه الانتماء.

لا يجب على الإنسان أن يفهم أي إكراه في الإسلام، فتخرج الصدقة من خير اقتصادي، وسعر متناول الكلفة، ومن الفرح.

يجب أن يكون المروجون للخير والعطاء لطيفا ومتواضعا والأهم من كل شيء يؤكدون على فوائد المتصدقين، أنها ستطهر النفس والمال، وتنقذ الأرواح، علامة على هداية الله ويمكن أن تغير

القدر والتصميم إلى إيجابية غير متوقعة النتيجة.

لا تطالب أو تصادف أبدا كمطالبة الناس بعمل الخير والعطاء.

إذا حدث ذلك، فسيتم النظر إليك كمرتزق وتنتمي إلى قلنسوة الضحية التي تعد إهانة وانعكاسا لا فخرا.

حافظ على موقفك الإيجابي وكن واثقا بالناس. كنت محظوظا لأنني نشأت في منزل خيري.

ختاما .. عش وكن ممتنا.

٢٠٢١/١٢/٣٠
حسام حمدان
كفرراعي

ٱلإنسان

قرائه كتابه، قد يصبح كلام الإنسان معجزات. أية كلام يعبر

عن حقيقة وصدق الشعور والنيه والنفس قد يصبح معجزة فعل

تلفت النظر والإنتباه خاصة للخالق. قد يكون ذلك سببا لقوله

تعالى«أذكروني أذكركم، إدعوني أستجب لكم. معجزه تلتقي مع

معجزه فيتحقق طلب الانسان من حيث لا يحتسب. كلام الانسان

فعل.

حسام حمدان
كفرراعي/ابوسطن
٢٠٢٢/٥/٢٤

تَضْحِيَة

نحن على أبوابك يا عيد الأضحى، ضحينا وإلا ما ضحينا،

عسانا تتفقد الفقراء والمحتاجين،

ولمن مسه الضر بوضع عسير. ما زال في وقت.

أيضا، ما يستحق المتضحيه هو قول المحقيقة والتعبير عنها

وعن المواقع بحسن نيه مهما كانت النعاج ضالة

والكبش عنيدا والذئب جائعا.

لعله عيد أضحى مبارك علينا وعليكم بمراجيح المحريه

والمكنافه النابلسيه.

حسام حمدان
كفر راعي/ابو سطن
٢٠٢٢/٧/٧

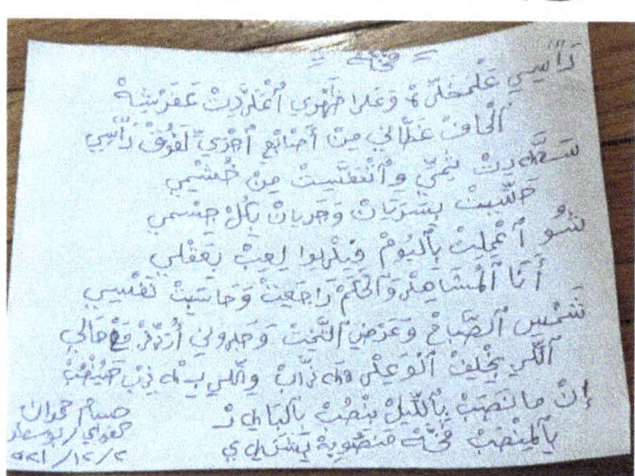

فَخّه

رَاسي عَلْمَخَدّه وَعَلى ظَهْري اتْمَدّدتْ عَفَرْشه
الْحَافْ غَطّاني مِنْ أَصَابع اجري لَفُوقْ رَاسي
سَدّيتْ ثمّي واتْنَفّستْ مِنْ خُشْمي
حَسّيتْ بسَريَانْ وَجِريَانْ بكُلّ جسْمي
شُو اعْملَتْ باليُومْ فيْديو لعِبْ بعقْلي
أَنَا المُشاهدْ وَالحكَمْ رَاجَعتْ وَحَاسِبْتْ نَفْسي
شمْس الصّباحْ وَعَرْض التّخْتْ وَجدونيأَرْدّدْ مَعْ حَالي
اللّي بِخْلفْ الوَعدْ cha ذَابْ واللّي cha ذبْ حَيْنْصُبْ
إِنْ ما نَصبْ باللّيلْ بنْصُبْ بالبَاch ر
بِالمِنْصَبْ فَخّه مَنْصُوبه بشَرْ ch ي

حسام حمدان
كفرراعي/ابوسطن
٢٠٢١/١٢/٢

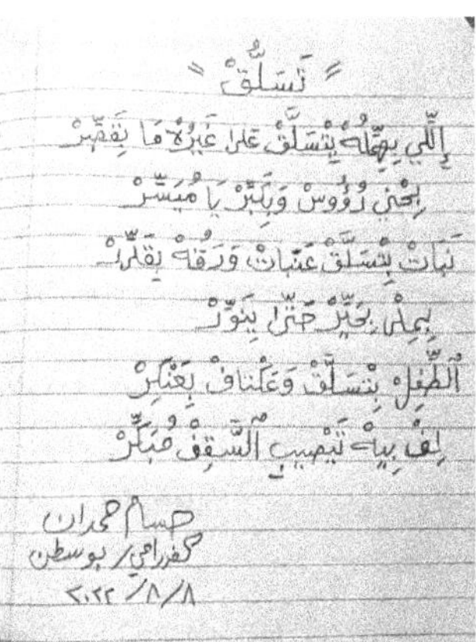

تَسَلُّق

إِلّي بِهِمّلُهْ يِتْسَلَّقْ عَلى غِيرُهْ مَا بِقَصِّرْ

بِحْنِي رُؤُوسْ وَبِكْبُرْ يَا مُيَسِّرْ

نَبَاتْ بِتْسَلَّقْ عَنبَاتْ وَرَقُهْ بِقَدِّرْ

بِمِدْ بِحَيِّرْ حَتّى يِنَوِّرْ

الطِّفِل بِتْسَلَّقْ وَعَكْتافْ بِعَنْكِرْ

لِفْ بِيهْ تَيْصِيب السَّقِفْ مُبَكِّرْ

حسام حمدان
كفرراعي/أبو سطن
٢٠٢٢/٨/٨

الشك والظن

في بعض المواقف ولنتخلص من الشك والظن نلجأ لحلف اليمين لنخلق الامان والتصديق. فبعضنا يحلف على رقبته، شبابه، أولاده، برحمة إمه وبوه،علي الطلاق بالثلاثه. والاعظم حلف هو على كتاب الله ثلاثة مرات وقول والله العظيم .

نلصق كلمة اليمين للحلف مرارا للمدح والتصديق، واليمين مخصوص بمحاسن تكفل الإيعان، المعاهده، المبايعه والسلام.

تجنب حلف الطلاق بالثلاثه، فقد تكون مخطئا نوعن ما، فبلاش بدون ما تدري تصبح زوجتك طالق وتتحول إلى أمة أنجبت وتنجب ربتها-فلا تستغرب من تأمر، تمرد وعصيان الأبناء لوالديهم. لا تكونوا عبيدا، حلف اليمين يتطلب وعي، إدراك، اداره وتدبير.

حسام حمدان
كفرراعي/أبوسطن
٢٠٢١/١٢/٣٠

قطار

الدوله العثمانيه بدأت تبني بسكة حديد يوصل مع خط الحجاز بين اسطنبول وفلسطين، وكان له مخطط أن يصل بلدنا كفرراعي والعطاره. للأسف لا بريطانيا ولا إسرائيل طبقوا وسمحوا بذلك لغاية اليوم. كيف حرموا أجيال من ركبة قطار.

حسام حمدان
كفرراعي/أبوسطن
٢٠٢٢/١/٢٤

الكون حسب ألقران

الكون حسب المقران:

قد نقول أن المكون حسب المقران يتكون مما يلي:

١ - الأرض وما فيها وعليها

٢ - المفضاء المواسع المشاسع وما فيه من مجرات ومواكب ونجوم مثل القمر والمشمس والمريخ.....إلخ

٤ - المسبع سماوات وما فيها

٥ - مية بحر وما فيه

٦ - عرش الله وما فيه

٧-كرسي الله لوحده فقط

من ما ذكر بالقران نلاحظ :

١-أن المسافه بين الأرض وأول سماء

هو مشية إنسان ٥٠٠ سنه على الأرض

٢-المسافه بين كل سماء وسماء هي مشية إنسان ٥٠٠ سنه على

الأرض

٣-فوق السماء السابعه بحر والمسافه بينهم

مشية إنسان ٥٠٠ سنه على الأرض

٤-فوق البحر عرش الله وهو مشية إنسان ٥٠٠ سنه

على الأرض. وكرسي الله على البحر

قد نستنتج من المعلومات المذكوره ما يلي :

١-الإنسان الصحي على الأرض يستطيع أن يمشي باليوم وبدون

جروح وتأثير على صحته مسافة ٣٠ ميل تقريبا. فإذا أخذنا تلك

المعلومه مع ذلك الرقم يوميا ولمدة ٥٠٠، فقد نقول أن المسافه

بين الأرض وأول سماء هي: ٣٠X٣٦٥X٥٠٠ = ٥٠٤٧٥ مليون

ميل. ومجموع المسافه بين الأرض ونهاية السماء السابعه هو

٥.٤٧X٧ = ٣٨.٢٩ مليون ميل تقريبا.

٢-علماء الفضاء يقولون أن تقريبا ٧١٪ من الفضاء

فراغ أسود وبالازدياد تدريجيا

٤-الله خلق السماوات والارض في ستة أيام (٤ للأرض ويومين

للسماوات المسبعه) ثم استوى على العرش.

٥- الله خلق الارض بالبدايه ثم جعل من السماء (سواهن سبع سماوات). فمن الممكن أن الله في البدايه خلق الفضاء ومنه خلق سماء واحده، وبعد خلق الأرض قرر أن يجعل السماء الواحده سبعة سماوات. والله ذكر أن السماوات السبع وعرشه محصونات وبحراسه مشدده ومكثفه من جنوده.

فقد نقول أن السماوات السبعه وعرش الله بالفضاء بمكان ما.

فهل يا ترى ستكتتشف بإحدى السفن الفضائيه بيوم ما خاصة وأن السماوات السبعه تبعد تقريبا ٣٨.٢٩ مليون ميل والإنسان وصل المريخ والذي يبعد أضعاف عن الأرض ١٠٢.٣٨ مليون ميل.

بما أنه لا أحد يعرف مدى الفضاء، إختيار الإتجاه قد يجلب دهشة الإكتشاف لعالم غريب عجيب قد تكون إحدى السماوات المسبعه بيوم ما. والله أعلم.

حسام حمدان
كفرراعي/بوسطن
٢٠٢٢/٨/٩

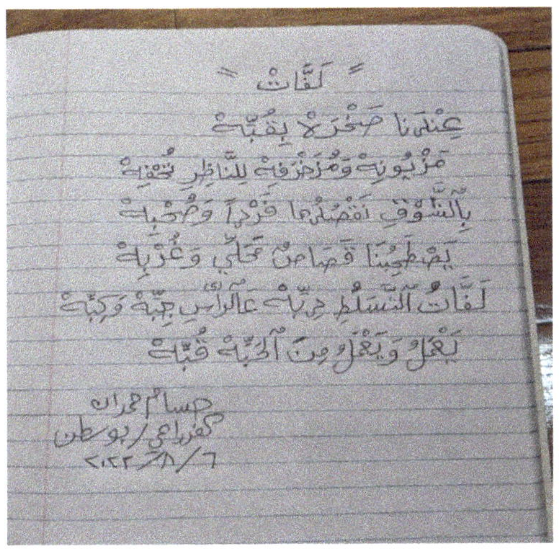

لَفَّاتْ

عنْدِنا صَخْرَهْ بقُبِّهْ

مَزْيُونهْ وَمُزَخْرَفهْ للنَّاظِرِ تُحْفهْ

بالشَّوْقِ نَقْصُدُها فَرْداً وَصُحْبهْ

يَصْطَحِبْنَا قَصَّاصٌ مَحَلِّي وَغُرْبهْ

لَفَّاتُ التَّسَلُّطِ دبِّهْ عَالرّأسِ جبِّهْ وَكبِّهْ

يَعْمَلُ وَيَعْمَلِ مِنَ الحبِّهْ قُبِّهْ

حسام حمدان

كفر راعي/ابو سطن

٢٠٢٢/٨/٦

الفهرس

خواطر قلب

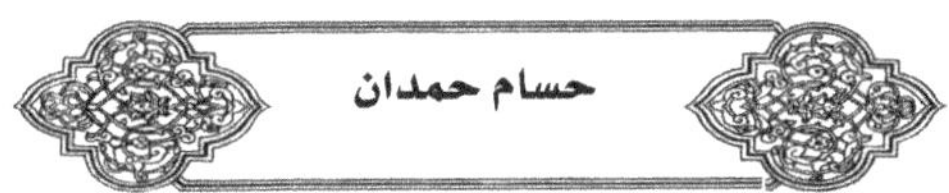

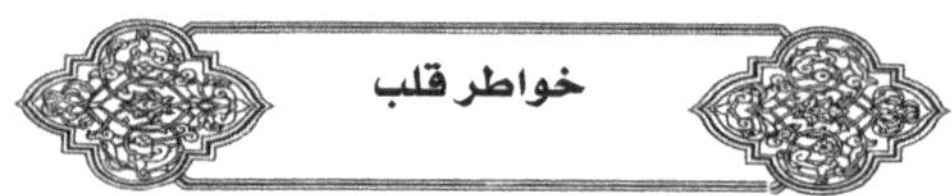

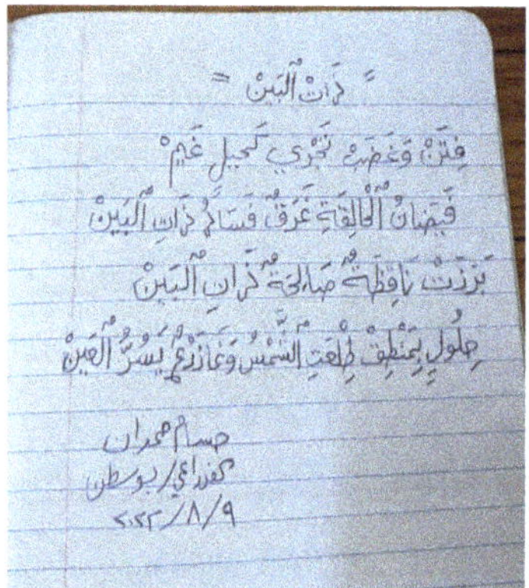

ذَاتُ الْبَينِ

فِتَنْ وَغَضَبْ تَجري كَحيل غَيْم
فَيَضانُ الْحالِقَةِ غَرقًا فَسادُ ذاتِ الْبَينِ

بَرَزَتْ نَاقِظَةٌ صَالِحَةٌ ذَاتَ الْبَينِ
حلُول بِمَنْطِقْ طَلَعَتِ الشَّمْسُ
وَنِما زَرْعٌ يَسُرُّ الْعَينُ

«..ذات البين تعني الاشتغال بالصلح بين المتخاصمين
احيانا أفضل من الاشتغال بنوافل العبادات؛

حسام حمدان
كفرراعي بوسطن
٢٠٢٢/٨/٩